Jornalismo de rádio

COLEÇÃO COMUNICAÇÃO

Coordenação
Luciana Pinsky

A arte de entrevistar bem Thaís Oyama
A arte de escrever bem Dad Squarisi e Arlete Salvador
A arte de fazer um jornal diário Ricardo Noblat
A imprensa e o dever de liberdade Eugênio Bucci
A mídia e seus truques Nilton Hernandes
Assessoria de imprensa Maristela Mafei
Comunicação corporativa Maristela Mafei e Valdete Cecato
Correspondente internacional Carlos Eduardo Lins da Silva
Escrever melhor Dad Squarisi e Arlete Salvador
Ética no jornalismo Rogério Christofoletti
Hipertexto, hipermídia Pollyana Ferrari (org.)
História da imprensa no Brasil Ana Luiza Martins e Tania Regina de Luca (orgs.)
História da televisão no Brasil Ana Paula Goulart Ribeiro, Igor Sacramento e Marco Roxo (orgs.)
Jornalismo científico Fabíola de Oliveira
Jornalismo cultural Daniel Piza
Jornalismo de rádio Milton Jung
Jornalismo de revista Marília Scalzo
Jornalismo de TV Luciana Bistane e Luciane Bacellar
Jornalismo e publicidade no rádio Roseann Kennedy e Amadeu Nogueira de Paula
Jornalismo digital Pollyana Ferrari
Jornalismo econômico Suely Caldas
Jornalismo esportivo Paulo Vinicius Coelho
Jornalismo internacional João Batista Natali
Jornalismo investigativo Leandro Fortes
Jornalismo político Franklin Martins
Jornalismo popular Márcia Franz Amaral
Livro-reportagem Eduardo Belo
Manual do foca Thaïs de Mendonça Jorge
Manual do frila Maurício Oliveira
Manual do jornalismo esportivo Heródoto Barbeiro e Patrícia Rangel
Os jornais podem desaparecer? Philip Meyer
Os segredos das redações Leandro Fortes
Perfis & entrevistas Daniel Piza
Reportagem na TV Alexandre Carvalho, Fábio Diamante, Thiago Bruniera e Sérgio Utsch (orgs.)
Teoria do jornalismo Felipe Pena

Jornalismo de rádio

Milton Jung

Copyright © 2004 Milton Jung
Todos os direitos desta edição reservados à
Editora Contexto (Editora Pinsky Ltda.)

Diagramação
Gustavo S. Vilas Boas

Preparação de originais
Luciana Salgado

Projeto de capa
Marcelo Mandruca

Montagem de capa
Antonio Kehl

Dados Internacionais de Catalogação na Publicação (CIP)
(Câmara Brasileira do Livro, SP, Brasil)

Jung, Milton
Jornalismo de rádio / Milton Jung. 4.ed., 1ª reimpressão. –
São Paulo : Contexto, 2023. – (Coleção Comunicação)

Bibliografia.
ISBN 978-85-7244-281-7

1. Rádio – Brasil – História 2. Jornalismo – Brasil
3. Radiojornalismo – Brasil I. Título. II. Série.

04-6974   CDD-070.194

Índices para catálogo sistemático:
1. Jornalismo de rádio   070.194
2. Radiojornalismo   070.194

2023

EDITORA CONTEXTO
Diretor editorial: *Jaime Pinsky*

Rua Dr. José Elias, 520 – Alto da Lapa
05083-030 – São Paulo – SP
PABX: (11) 3832 5838
contato@editoracontexto.com.br
www.editoracontexto.com.br

Proibida a reprodução total ou parcial.
Os infratores serão processados na forma da lei.

"O rádio é a mídia do futuro."
Alberto Dines, jornalista,
em 2004.

SUMÁRIO

INTRODUÇÃO...11
Um velho desconhecido 13
Memória de elefante 16

CAPÍTULO I...19
História do rádio... 19
O lápis vermelho de Roquette-Pinto............. 19
Primeira na audiência................................... 20
Símbolo da modernidade.............................. 21
Padre e bruxo... 22
Fez-se o som.. 23
Nossos comerciais, por favor....................... 24
Cantando para faturar.................................. 27
Nas ondas do comercial............................... 28
Testemunha ocular....................................... 30
Falando do jornal falado............................... 34
Informação, em todos os tempos.................. 35
O radiorrepórter... 37
Caiu na rede... 39
Notícias 24 horas... 42
Rádio toca notícia... 44

CAPÍTULO II..49
Rádio em cena... 49
Engano lamentável.. 49
Golpe na credibilidade 50

Palanque eletrônico ... 52
Use camisinha ... 54
Questão de fé ... 56
Católicos em rede ... 58
Levante as mãos para o céu ... 60

CAPÍTULO III ... 65
Rádio moderno ... 65
Do poste ao computador ... 65
Nova interação ... 67
Cadê você? ... 69
De olho no rádio ... 70
Pé no chão e transistor no ouvido ... 72
Em busca do acesso ... 74

CAPÍTULO IV ... 81
Radioética ... 81
Placa de acrílico ... 81
Conflito de interesses ... 83
Vendendo credibilidade ... 86
Escravo de dois senhores ... 90
Do galinheiro à rapinagem ... 92

CAPÍTULO V ... 99
Rádio padrão ... 99
Bebendo da mesma fonte ... 99
Agenda selecionada ... 103
Jornalismo entre aspas ... 104
Da imparcialidade à mentira ... 108
Agilidade e precisão ... 110

Reportagem, a alma do negócio 114
Uma boa notícia 115
Da gilete ao computador 117
Voz e fala 118
Expressividade e sedução 121
Gogó aquecido 123
Tem boi na linha 125
Lendas e batalhas 126
Bom dia para cartucho 128
Jogando em outro campo 130
De bom humor 132

CAPÍTULO VI 135
Um caso do rádio 135
O dia que não acabou 135
Mais um dia de trabalho 136
Fogo no ar 138
Deu no rádio 139
Todos falam 141
Agenda em punho 142
Substituição na equipe 142
Pauta em aberto 143
Hora certa 145
Cobertura contaminada 146
Última palavra 148

Radiobiografia 153

INTRODUÇÃO

Sete da manhã. O telefone toca na redação de uma rádio brasileira. Ninguém atende. Um acidente na principal rodovia de acesso à capital interrompe o trânsito.

– Desloca o helicóptero para lá.

O telefone volta a tocar.

Na Zona Sul, a polícia ameaça entrar no prédio ocupado por famílias sem-teto.

– Manda o repórter que iria cobrir a chegada do ministro no aeroporto.

Mais uma vez, insistentemente, o telefone.

– Deixa tocar.

Tentativa de fuga em um distrito policial. É na Zona Norte.

– Cadê o repórter das sete que ainda não apareceu?

O toque do telefone é irritante, atrapalha a concentração do redator, que precisa terminar o texto do noticiário.

Brasília avisa que a reunião ministerial vai começar mais cedo.

– É muita gente para entrevistar, precisa de duas equipes por lá.

O barulho do telefone ainda incomoda. O editor passa correndo ao lado. Não dá tempo de atender. Tem que entregar o cartucho com o destaque que entrará no ar dali a pouco.

Do estúdio, vem um chamado:

– Já confirmaram onde será a reunião dos líderes dos partidos?

Quase não dá para ouvir a pergunta. O telefone atrapalha.

Da central técnica, o aviso:

– Rio já gravou, e Minas, também.

O grito se mistura ao som do telefone. Alguém, finalmente, tem a ideia genial: Tira o fone do gancho! Problema resolvido. O telefone para de tocar. Ninguém mais precisa atender a ligação. Afinal, todos têm mais com que se preocupar.

Deveria ser apenas um ouvinte reclamando que, desde cedo, está sintonizado na rádio, mas até agora não conseguiu a única informação que realmente lhe interessava: a previsão do tempo. É sempre assim, dão-se todas as notícias e ainda aparece alguém para dizer que falta alguma coisa:

– Rádio é bom, o que estraga é o ouvinte.

A cena descrita acima não é obra de ficção. A notícia não espera acontecer. Não marca hora. Está prestes a surgir, sem pedir licença. E na dinâmica da redação, é preciso se multiplicar para cobrir todos os fatos. O tempo é curto. Ninguém consegue parar a máquina. Lembra *Tempos Modernos*, de Charles Chaplin. Nessa fábrica, os operários são jornalistas, seres humanos – até que provem o contrário. Na linha de montagem tem computadores sobre as mesas; na central técnica, gravadores e fios; além de centenas de pequenos botões sobre a mesa de som. Tudo e todos mobilizados para uma só finalidade, transformar fatos em notícia.

A velocidade do trabalho dentro de uma redação de rádio gera distorções. Leva o jornalista a esquecer que se o objetivo é transmitir notícias, este só existe porque na outra ponta tem o cidadão para ser atendido, o ouvinte. Sem ele não há razão para o rádio ser o que é. Nem para a existência do jornalista, ou da própria notícia. Trabalha-se em função desse ouvinte, por causa dele e só para ele, por mais que os interesses comerciais, empresariais e de mercado nos levem a pensar diferente, com uma lógica consumista.

O ritmo alucinante da redação é resultado da agilidade, característica marcante do rádio, da qual abrir mão nunca será viável, mesmo com a "concorrência" do telefone e de outros tantos fatores que conspiram contra a boa execução do trabalho. O jornalista que, contaminado por essa dinâmica, esquecer o motivo de estar ali, deixa de ser jornalista. Transforma-se em burocrata. Um carimbador de cartório que autoriza ou recusa um documento – no caso, a notícia – sem ter noção do impacto na sociedade da medida adotada.

Este livro é para quem ainda acredita que o rádio pode ser um agente transformador, capaz de revolucionar costumes e mobilizar a comunidade. Gente que, apesar do toque imposto pela máquina – e, também, pelo telefone –, enxerga no ouvinte um parceiro na construção da notícia. Sabe que este não é apenas um consumidor. É um cidadão. E como tal tem de ser respeitado.

É para você que entende ser o rádio, assim como o jornal, a revista, a emissora de televisão e o portal de notícia da internet, ferramenta da democracia, que garante à sociedade a liberdade de expressão.

Este livro foi escrito para jornalistas, ainda em formação ou já formados, mas, também, para o ouvinte. Se ele for tratado pelos profissionais de rádio como cidadão, se conhecer os conflitos éticos aos quais os jornalistas estão expostos, as fraquezas que os tornam sensíveis às pressões de mercado, além de entender o mecanismo desse veículo, aprenderá a exercitar a cidadania de maneira eficaz.

Caso não se identifique com o papel de nenhum dos dois personagens citados, leia este livro mesmo assim. É possível que você mude de ideia sobre o rádio e, se não se formar jornalista, quem sabe se transforme em ouvinte cidadão.

UM VELHO DESCONHECIDO

O rádio, apesar de ter mais de oitenta anos, ainda é um velho desconhecido. Isso pode soar estranho se levarmos em consideração os números desse veículo, que alcança 96% do território nacional, a maior cobertura entre todos os meios de comunicação, com público aproximado de noventa milhões de ouvintes.

Os meios impressos, muito prestigiados pelos formadores de opinião, por exemplo, são publicados em pequena escala, proporcionalmente. Calcula-se que o índice de circulação de jornais no Brasil não seja superior a 45 exemplares para cada mil habitantes. As revistas não chegam a mais de 1.200 títulos, com tiragem que se aproxima de dois exemplares por brasileiro, por ano. A televisão, vedete no meio, está presente em pouco mais de 87% do país, com 90% da população sintonizada em alguma emissora, ao menos uma vez por semana.

Esses percentuais, capazes de provocar inveja a alguns povos, atingem menos pessoas que o rádio. Não mais do que sessenta milhões de telespectadores. A internet ainda engatinha. O alcance do rádio, no entanto, não se traduz em prestígio. Nos trabalhos de treinamento de mídia com empresários, executivos, médicos e profissionais liberais, fica evidente o interesse desses pela televisão. A maioria se imagina nos programas de entrevistas ou nas reportagens dos telejornais da noite – apesar de as chances de emplacarem na TV serem muito maiores se o nome deles estiver envolvido em alguma falcatrua. Boa parte gostaria de ser personagem da matéria de capa das revistas de circulação nacional. Estar na primeira página de um dos grandes jornais também se encaixa no que poderíamos traduzir como "sonho de consumo"– ou de ser consumido. Levantar cedo para conversar por telefone com o âncora de um prestigiado programa de rádio certamente não está na agenda de prioridades. Não podemos culpá-los por se comportarem assim.

Mesmo entre os jornalistas, já nos tempos de universidade, a maioria dos meus colegas se preparava para atuar na televisão. Sonhava em ser âncora ou repórter nas maiores emissoras do país. Como sonhar não custa nada, todos queriam aparecer na famosa emissora carioca, ou em uma de suas filiadas. Assinar reportagens nos jornais mais importantes estava entre as metas daqueles que me acompanhavam na faculdade de jornalismo. Poucos, porém, esperavam ter de sair com um gravador na mão atrás de entrevistados, suplicando por uma fala para fechar uma reportagem para a rádio.

Vivemos em uma sociedade fascinada pela imagem, o que explica esse comportamento. Estamos, também, em um país no qual o poder da televisão é extremamente forte. Estruturadas em redes nacionais – são cinco no total, com 374 exibidoras –, as emissoras de TV influenciam profundamente a população, ditando costumes e apresentando tendências. Em contrapartida, temos 3.647 estações de rádio, espalhadas em vários pontos do Brasil – de acordo com dados do Grupo de Mídia, entidade que reúne profissionais de mídia das agências de publicidade. A maioria atua de forma isolada, desestruturada, e poucas têm como foco o jornalismo.

Usar o rádio com competência, explorando os recursos e o alcance – principalmente hoje, com as emissoras atuando em rede, conectadas à internet – pode se transformar em interessante política de comunicação para empresas, abrindo uma linha direta com o público, interno e externo. Essa ideia se aplica, também, àqueles que acreditam ser possível fazer jornalismo no rádio com qualidade equivalente a de outros veículos, direcionado a um público fiel, que "enxerga" no âncora ou comunicador o companheiro, o amigo, o conselheiro que diariamente conversa com ele ao "pé do ouvido".

Em 2001, a Coca-Cola explorou a capacidade de mobilização do rádio para lançar a campanha publicitária comemorando os sessenta anos no Brasil. Às 8h45 do dia 9 de maio, durante três minutos, formou-se rede inédita com 3.183 emissoras de rádio, que veicularam os mais importantes *jingles* da marca. Desde que chegou ao país, essa empresa utilizou o rádio como principal veículo de comunicação com o público. Em 1948, no seu primeiro investimento publicitário de grande porte, patrocinou o programa *Um milhão de melodias*, da Rádio Nacional. Com a chegada da televisão, a verba de publicidade trocou de mãos. Mesmo assim, em 2001, o maior fabricante de refrigerantes do mundo concluiu que somente pelo rádio teria condições de atingir todo o público consumidor de uma só vez, e investiu 845 mil reais para veiculação do comercial em rede.

Um ano antes, a Tramontina, maior grupo de cutelaria do Brasil, também escolheu o rádio para conversar com o público-alvo em campanha publicitária voltada para a região Nordeste, que representa 15% do volume total de negócios da empresa. A intenção foi ganhar a fidelidade do consumidor, divulgando a marca de ferramentas e equipamentos, cuja distribuição é feita em milhares de pequenos pontos de venda e cooperativas, nos quais o rádio é o principal canal de comunicação.

Usar exemplos do mercado publicitário pode parecer contraditório quando o que se pretende é falar da importância do jornalismo de rádio. Conflitos entre os dois setores provocaram, em diferentes ocasiões, prejuízos à qualidade editorial, sobre a qual responde o jornalista, e à comercial, que está sob responsabilidade de executivos, financiadores e anunciantes.

15

As divergências históricas entre jornalismo e publicidade são o álibi para a defesa da tese de que o rádio pode ser explorado com inteligência e discernimento como meio de comunicação social, transformando-se em instituição da cidadania. As duas empresas reconheceram a força de convencimento do veículo. Para tanto, é fundamental saber como o rádio se comporta diante do público, como este reage e como deve ser a atuação do jornalista.

MEMÓRIA DE ELEFANTE

O elefante, dizem os especialistas, lembra tudo o que lhe é ensinado, porque tem memória de causar inveja. Daí a expressão usada para identificar pessoas que conseguem memorizar com facilidade. O profissional do rádio bem que gostaria de ter à disposição ouvintes com memória de elefante, mas não é essa a realidade. A culpa não é do ouvinte, mas do próprio veículo, pelo que se pode verificar em trabalhos científicos realizados na área de comunicação.

Um estudo publicado pela professora Maria Cristina Romo Gil, no livro *Introducción al conocimiento y práctica de la radio* (Diana, 1987), ilustra bem o desafio enfrentado pelo jornalista de rádio que utiliza-se apenas da voz para se comunicar com o público. O estudo concluiu que a mensagem que parte de uma fonte verbal tem 60% do conteúdo retido até três horas após a emissão. Três dias depois, restarão na memória do ouvinte cerca de 10% de tudo o que foi dito. Quando a fonte é apenas visual, os índices sobem para 72% e 20%, respectivamente. Mas se a fonte for audiovisual – com olhos e ouvidos atuando em conjunto na recepção – retêm-se 85% da mensagem até três horas após a emissão, e, três dias depois, 65% ainda é lembrado.

Note que o telespectador, atento às notícias divulgadas, retém mais informações três dias após a emissão que o ouvinte que acompanhou um programa de rádio há três horas. Portanto, a mensagem radiofônica tem de ser clara e precisa, levando em consideração as dificuldades impostas pela própria característica do veículo. Mas não apenas por isso.

Todo e qualquer cidadão que procura comunicar alguma coisa ou informar a alguém – entre eles, os que representam um grupo ou estão à frente de uma ideia e precisam divulgá-la – deve saber que comunicação não significa o que é dito mas o que o outro entende. Um exemplo típico: a pessoa convoca uma reunião no local de trabalho, no grupo de estudos da faculdade ou em qualquer outra situação semelhante. Durante uma hora apresenta a proposta e discute o tema com os companheiros.

Ao fim da conversa, um dos participantes cruza com outra pessoa que quer saber o que foi debatido lá dentro e a informação transmitida é diferente daquela que a pessoa apresentou, ou julgou ter apresentado. Não se trata de má-fé por parte daquele que passou a informação à frente. A forma como foi emitida a mensagem é que, talvez, não tenha sido eficiente, clara e precisa.

Esse processo, que lembra a brincadeira do telefone sem fio, é mais comum do que gostaríamos, principalmente em um veículo em que os recursos para a emissão da mensagem são limitados. Isso ocorre porque entre aquilo que o emissor diz e o que o receptor entende existe uma série de fatores que provocam distorção e ruído: a forma do discurso, o tom da voz, os gestos, os elementos estranhos à informação – como o movimento de pessoas no cenário em que a mensagem está sendo emitida ou recebida. Tudo pode contribuir ou prejudicar para o entendimento do que é comunicado.

Procure imaginar o que acontece em torno do ouvinte ao mesmo tempo em que a mensagem é transmitida pelo rádio. Ele pode estar dirigindo, atento ao trânsito, preocupado com o motoqueiro que passa em alta velocidade e com os demais motoristas que tentam tomar-lhe a frente. Luminosos, cartazes, pixações e pessoas atravessando a rua desviam-lhe o olhar. Outra situação: o ouvinte está sentado, no escritório. Diante dele, o computador recebe dezenas de mensagens eletrônicas a cada minuto. O telefone toca; a secretária aparece, lembrando o compromisso de logo mais, e os colegas debatem a campanha que está para ser lançada. Em meio a essa avalanche de informações, lá está o locutor, esganiçando no rádio, tentando ser mais interessante que tudo isso junto.

Não é mesmo tarefa fácil enfrentar tamanha conspiração. Pode parecer mais simples dar de ombros ao rádio e buscar outros meios de comunicação. A televisão, por exemplo, seduz pela imagem, "obrigando" o público a parar diante dela. A internet cativa pela interatividade. O jornal permite que se leia e releia a notícia, até que seja compreendida.

Comunicar é tornar comum, ligar e unir, entre tantos outros sentidos encontrados nos dicionários. Para aproximar emissor e receptor, tendo o rádio como meio de transmissão, é fundamental trabalhar para que todos os elementos do processo de comunicação caminhem para um ponto em comum tornando a informação mais convincente, mesmo que o ouvinte não tenha memória de elefante.

CAPÍTULO I

História do rádio

O LÁPIS VERMELHO DE ROQUETTE-PINTO

Com um lápis vermelho na mão, o professor Edgar Roquette-Pinto lia atentamente os principais jornais do Rio de Janeiro. As notícias mais interessantes ou fatos curiosos eram sublinhados, tarefa encerrada só depois de virada a última página. Os textos rabiscados eram a fonte de informação para o *Jornal da Manhã*, uma das primeiras experiências jornalísticas do rádio brasileiro, transmitido, de segunda a sexta, pela Rádio Sociedade do Rio de Janeiro, a PRA-2. O programa não tinha hora certa para começar. Ou melhor, tinha: assim que Roquette-Pinto terminasse a leitura dos jornais impressos. Era o tempo de telefonar para o estúdio da emissora e pedir para o técnico colocar a rádio no ar. O próprio Roquette-Pinto lia as notícias. Mal imaginava que seu método contaminaria as redações.

Oito décadas depois, ainda é possível encontrar jornalistas de rádio que têm como "inspiração" jornais impressos. Notícias do dia anterior, que já não chamam a atenção nem dos leitores são reproduzidas em um veículo que tem compromisso com a agilidade. Erro provocado pela falta de pessoal, de tempo, de criatividade e de vergonha na cara. Como experiência, leia os jornais do dia com atenção, depois passeie pelas estações de rádio e não se surpreenda se ouvir de algum locutor o mesmo texto. Certas emissoras usam a estratégia para preencher o espaço obrigatório, previsto em lei, dedicado às notícias. O fato de transmitir notícia não significa que a rádio seja jornalística. É importante que se tenha isso em mente para que o cidadão não seja enganado. Jornalismo pressupõe compromisso com a verdade, prestação de informação relevante ao ouvinte, ou o leitor, o telespectador, o internauta – e o debate de ideias, entre outros conceitos. A reprodução de notícias sem a devida apuração, como é feito em boa parte das emissoras de rádio, é exemplo de falta de ética. Pode ser chamada de cópia, plágio ou pirataria, jamais de jornalismo.

PRIMEIRA NA AUDIÊNCIA

Em 1923, quando Roquette-Pinto selecionava as notícias com lápis vermelho, o rádio não tinha programação estabelecida, era feito de forma amadora. Apesar das transmissões esporádicas, a Rádio Sociedade do Rio de Janeiro foi a primeira a atuar com regularidade, graças ao governo federal, que emprestou os transmissores da Praia Vermelha, no Rio de Janeiro. O pioneirismo justificava o "método Roquette-Pinto" de fazer jornalismo. Justiça seja feita a este que foi um dos primeiros a trabalhar com radiojornalismo, o programa não se resumia à leitura de notícias rabiscadas no jornal. Estas vinham acrescidas de comentários que levavam os ouvintes à reflexão.

Aliás, os ouvintes eram sócios ou contribuintes que financiavam a emissora. A Rádio Sociedade do Rio de Janeiro cobrava 100$000 (cem mil-réis) de "joia", deixando muito clara a ideia de agremiação. Havia, ainda, custo para as licenças do Ministério da Viação e do Departamento de Correios e Telégrafos, além da taxa mensal de sócio contribuinte. À tudo isso era acrescentado o preço do receptor de galena, considerado caro para os padrões da época. Comparando: era como comprar um computador de primeira linha e, para ter acesso ao conteúdo, ser obrigado a pagar o provedor e a banda larga, com a vantagem de que naquele tempo não havia anúncios, os *pop-ups* que teimam em abrir à nossa frente, atrapalhando a navegação. Clubes e sociedades de radiodifusão eram passatempos da elite, que trouxe ao país o conceito de modernização.

SÍMBOLO DA MODERNIDADE

Imagine-se visitando uma dessas feiras de informática. Centenas de pessoas cruzando os corredores e você lá no meio, com os olhos arregalados para os equipamentos de última geração, duvidando que um dia se tornem acessíveis ao público.

Lembro do sucesso que fez a edição do *Jornal 60 Minutos*, da TV Cultura de São Paulo, quando durante a transmissão conversei ao vivo, através de um videofone, com um repórter que participava de uma exposição de tecnologia. O equipamento era novidade, isso pouco antes do fim do século XX.

Cito essa passagem para convidá-lo a voltar quase um século no tempo e se pôr no lugar das pessoas que, em 7 de setembro de 1922, tomaram as dependências do pavilhão da Exposição Internacional do Rio de Janeiro. O ambiente era festivo, o país comemorava o centenário da Independência. Pelos alto-falantes era possível ouvir transmissões feitas à longa distância, sem fio – ou *wireless*, para usar expressão da moda. O mesmo som chegava a receptores espalhados em outros pontos da Capital Federal, além de Niterói, Petrópolis e São Paulo.

Roquette-Pinto esteve por lá e se encantou com o que ouvia, apesar de ser ruim o som que saía dos alto-falantes instalados na exposição. O barulho era infernal, com muita gente falando ao mesmo tempo, e a música e os discursos reproduzidos arranhavam os ouvidos. No meio da multidão também estava Renato Murce, que dedicaria a vida ao rádio. No depoimento registrado no livro *Histórias que o rádio não contou* (Harbra,1999), de Reynaldo C. Tavares, Murce afirma ter percebido logo que algo novo surgia. Menos preocupado com a confusão, viu a curiosidade e a desconfiança dos rostos ao redor.

A primeira pessoa que falou ao microfone de rádio, em uma estação instalada no Sumaré, pela Western Eletric, foi o presidente Epitácio Pessoa. E o povo, que se juntava na exposição do centenário, uma multidão incalculável, era pior do que São Tomé. Estava vendo, ouvindo e não acreditando. Como que em um aparelhinho, pequenino, lá longe, sem nada, sem fio, sem coisa nenhuma, podia ser ouvido à distância? E ficava embasbacado. Mas não nasceu para o Brasil propriamente o rádio, porque não havia ainda quase nenhuma rádio receptora. Era de galena, muito complicado. E quase ninguém podia ouvir a não ser aqueles que estivessem ali presentes. E os que ouviram, ouviram o Guarani, de Carlos Gomes, irradiado diretamente do Teatro Municipal. Esta foi a primeira experiência do rádio no Brasil.

Vale ressaltar: há quem defenda que a primeira emissora do Brasil foi a Rádio Clube de Pernambuco, fundada por jovens do Recife, em abril de 1919. Apesar de os registros mostrarem que a experiência estava mais próxima da radiotelefonia, não deixe de citar o fato, principalmente se falar de rádio por aquelas bandas. A propósito, como veremos a seguir, a história da radiodifusão é marcada por dúvidas e controvérsias.

PADRE E BRUXO

Uma conversa do presidente da República Rodrigues Alves com um de seus assessores, no Palácio do Governo, no Rio de Janeiro, em 1905, pode ter tirado de um brasileiro o direito de ser reconhecido como o inventor do rádio. O representante do governo havia acabado de visitar o padre Roberto Landell de Moura, de quem ouviu explicações sobre algumas geringonças inventadas por ele. Coisas como telefônio, tele-auxifônio e anematofono, espécies de telefone e telégrafo sem fio e de transmissores de ondas sonoras – a maioria já patenteada por ele, nos Estados Unidos, em 1904.

> Jamais escreva o nome desses aparelhos em texto a ser transmitido pelo rádio. Se tiver que fazê-lo, grife as palavras. A norma serve para demais palavras estranhas e/ou estrangeiras. Os locutores agradecem.

Bem que o padre de 44 anos, nascido em Porto Alegre, se esforçou para convencer o enviado do Palácio que os aparelhos montados por ele poderiam estabelecer comunicação com qualquer ponto da Terra, por mais afastados que estivesse um do outro.

Não se sabe se foi devido às limitações intelectuais do assessor, que talvez não tenha entendido o que lhe era apresentado; se pelo fato de o padre ter solicitado dois navios da esquadra brasileira para uma demonstração pública dos seus inventos; ou se o assessor ficou assustado ao ouvir que um dia ainda seriam possíveis comunicações interplanetárias. Certo é que, ao voltar ao Palácio, o burocrata, a exemplo de um carimbo de repartição pública, foi taxativo: "esse padre é um maluco". Não era novidade para Landell de Moura. Ele já fora várias vezes transferido de paróquia, ou mesmo de cidade, acusado de ser impostor, herege e bruxo. Acusações dirigidas a ele, em 1892, quando, utilizando uma válvula amplificadora com três eletrodos, transmitiu e recebeu a voz humana. O feito se deu em Campinas, interior paulista, e nem mesmo ouvindo as pessoas foram capazes de acreditar.

FEZ-SE O SOM

O mérito de Landell de Moura, reconhecido apenas após a morte, em 1928, é evidente quando se pesquisa a história do surgimento do rádio. Do telégrafo, termo que surgiu no fim do século XVIII à telefonia, já no século XIX, muitos avanços levaram à radiodifusão. Estudos sobre a eletricidade e suas características se somaram até chegar ao aparelho que, atualmente, existe na casa da maioria dos brasileiros e nos carros, também.

O professor de física James Clerk Maxwell, em 1863, mostrou como a eletricidade se propagava sobre forma de vibração ondulatória. Teoria usada 24 anos depois pelo físico alemão Heinrich Rudolf Hertz, e desenvolvida pelo francês Edouard Branly, em 1890, e pelo britânico Oliver Lodge, em 1894.

Naquela época, Landell de Moura já havia assustado muita gente por aqui com seus inventos, e feito, inclusive, suas primeiras experiências com transmissão e recepção de sons por meio de ondas eletromagnéticas. Há registros de que usou a válvula amplificadora em testes pelo menos dois anos antes do equipamento ter sido apresentado ao mundo pelo americano Lee DeForest.

Não cabe aqui discutir de quem é o mérito da invenção, pois há muita controvérsia, mesmo entre os estudiosos do tema.

Até o nome de Guglielmo Marconi como inventor do rádio é contestado. Mas o italiano teve seus méritos – e como teve. Industrial com visão empreendedora, percebeu em vários inventos já patenteados a possibilidade de desenvolver novos aparelhos, mais potentes e eficazes. Foi o que fez para chegar à radiotelagrafia, em 1896.

Já no início do século XX, o russo David Sarnoff, que trabalhava na Marconi Company, afirmou ser possível desenvolver uma "caixa de música radiotelefônica que possuiria válvulas amplificadoras e um alto-falante, tudo acondicionado na mesma caixa". Tal equipamento seria o protótipo do rádio como veículo de comunicação de massa.

A indústria de radiodifusão nasceu, de fato, em 2 de novembro de 1920, em Pittsburgh, quando a KDKA foi ao ar, graças a Harry P. Davis, vice-presidente da americana Westinghouse. Essa mesma empresa, dois anos mais tarde, traria equipamentos para a Exposição Internacional do Rio de Janeiro, ao lado da Western Eletric. Harry acompanhava com entusiasmo o resultado do trabalho artesanal de Frank Conrad, que transmitia músicas e notícias captadas por receptores de galena, inicialmente construídos pelos próprios usuários e, em seguida, produzidos em série pela empresa.

> Para não cometermos injustiça, combinamos assim: na hora de redigir um texto deixe os títulos de lado. "Marconi, o inventor do rádio", "Landell de Moura, o homem que apertou o botão da comunicação" e "Roquette-Pinto, o pai do rádio brasileiro" são clichês que devem ser substituídos por informações que agreguem valor à notícia e ajudem a esclarecer o ouvinte. Lembro de um boletim que gravei para a TV Globo, em 1991, antes de uma reunião do Mercosul, em São Paulo, e disse que o Paraguai era o "Paraíso do Contrabando". Na ocasião, um correspondente internacional comentou, balançando a cabeça em sinal de reprovação: "o que seria dos jornalistas sem os clichês...". Aprendi a lição e reproduzo o fato para que você não passe pelo mesmo constrangimento.

NOSSOS COMERCIAIS, POR FAVOR

Mais do que nomes ilustres, os responsáveis pela presença do rádio no Brasil, nos anos 20, foram grupos formados por amigos que dividiam os custos das transmissões, compravam equipamentos, material de escritório e alugavam salas para as transmissões da emissora. Essas pessoas, a maioria da elite ligada à cultura, estavam em busca de algo novo, motivadas pelo processo de urbanização que atingia os grandes centros da época, a começar pelo Rio de Janeiro, então capital federal. Não por acaso, foi lá que surgiu a ideia da Rádio Sociedade do Rio de Janeiro – fruto da ação de Roquette-Pinto e amigos. Além destes, uma série de firmas comerciais, muitas do segmento eletrônico, contribuíam financeiramente para a manutenção da rádio. Em troca, a empresa era citada durante a programação, divulgação que revertia na venda dos equipamentos. Outros colaboradores, sem interesse comercial, apenas emprestavam os discos, que eram devolvidos após executados. Em pouco tempo verificou-se que as músicas tocadas na emissora vendiam mais nas lojas – e, despretensiosamente, começava o "jabá".

> "Jabá" é a forma reduzida da palavra "jabaculê". Em Brasília e no Rio Grande do Sul, usam a expressão "toco" que, segundo o dicionário *Aurélio*, é resultado da divisão de um furto. Em bom português significa suborno. Uma das formas mais comuns é o pagamento de dinheiro para que apresentadores de programas ou emissoras executem determinadas músicas. Nos tempos modernos, existem vários outros tipos de "jabá". A indústria da pilantragem é muito criativa. Se você ainda não sabe o que é nem recebeu "jabá", evite enquanto é tempo. Se gostou da ideia, desista da profissão enquanto é tempo.

Pioneirismo e primitivismo foram duas palavras que cercaram o rádio brasileiro no início. As transmissões eram feitas de maneira rudimentar. A Rádio Sociedade do Rio de Janeiro contava com a "concorrência" da Rádio Clube do Brasil. As duas emissoras se esforçavam para não irradiar as programações ao mesmo tempo. Por isso, enquanto uma ia ao ar segundas, quartas e sextas, a outra ia às terças, quintas e sábados. No sétimo dia, descansavam.

Em 1925, apareceu a primeira emissora de rádio do interior do Brasil, a Rádio Pelotense, do Rio Grande do Sul, estado que se transformaria em polo importante da radiodifusão – não bastasse ter sido a terra de onde saiu Landell de Moura. Em seguida, São Paulo conheceu a Rádio Educadora Paulista, a Rádio São Paulo e a Rádio Cruzeiro do Sul. Na chegada da década de 1930, as emissoras se espalhavam, também, por outros estados, como: Paraná, Santa Catarina, Espírito Santo, Minas Gerais, Ceará, Bahia, Pará e Maranhão. Nessa época, São Paulo assistiu ao surgimento de uma emissora que seria um marco na história do rádio brasileiro. Em 1931, foi fundada a Rádio Record sob o impacto da nova ordem comercial. A publicidade já era regulamentada pelo governo revolucionário de Getúlio Vargas que, através de decreto, autorizava a veiculação de anúncios em até 10% da programação. A medida criou uma nova forma de financiamento, mais profissional. Com dinheiro, as emissoras investiram em equipamentos e, principalmente, na formação de quadros de funcionários, com a contratação de músicos e cantores. Anúncios eram feitos ao vivo pelos próprios apresentadores. Paulo Tapajós, cantor, compositor, pesquisador da Música Popular Brasileira e radialista, em depoimento para o programa *Rádio no Brasil*, de 1988, produzido pelo serviço brasileiro da BBC, comentou o surgimento dos primeiros programas comerciais:

> O primeiro [programa] que eu me lembro, e que foi um grande sucesso no Rio de Janeiro, aconteceu na Rádio Mayrink Veiga. Naquele tempo se chamava Rádio Sociedade Mayrink Veiga. Foi um esplêndido programa de um radialista chamado Waldo Abreu. O Waldo Abreu tinha uma particularidade incrível, porque ele improvisava anúncios no microfone com uma arte e uma graça. Era tão gostoso a gente ouvir o Waldo chegar e improvisar um anúncio em torno de uma firma qualquer. Acontece que era um programa do tipo do Sílvio Santos que começa de manhã e acabava de noite. O do Waldo Abreu era assim, também. Começava de manhã e acabava quando era possível acabar. Quando ele já havia esgotado tudo. Todos os artistas já haviam passado no microfone. E que artistas. Os grandes nome da época. No programa do Waldo Abreu você encontrava Carmem Miranda, Ari Barroso, e Chico Alves. As grandes figuras da música popular que iriam lá ganhar um cachezinho.

O "cachezinho" era fruto dos anúncios e permitiu a formação de elencos de artistas, além da presença de orquestras nos estúdios da rádio. As emissoras passaram a cobiçar o talento alheio. Com os apresentadores chamando "os nossos comerciais", acabava o período de experimentação, a era inocente do rádio. A concorrência começava por decreto.

CANTANDO PARA FATURAR

Casé, para as novas gerações, lembra Regina, atriz e fundadora do grupo de teatro "Asdrúbal Trouxe o Trombone", ao lado de gente como Luís Fernando Guimarães, Evandro Mesquita e Patrícia Travassos. Lembra dessa trupe? Se não conhece, você é mais novo do que eu imaginava. Vamos a referências mais atuais: Regina Casé é comediante e apresentou, entre outros programas, do *Brasil Legal*, da TV Globo, viajando para 27 cidades, visitando, inclusive, comunidades brasileiras no exterior. Com irreverência, essa carioca se consagrou por experimentar linguagens diferentes no teatro e na televisão. Obteve sucesso. Um exemplo para quem ainda está na universidade e, com medo de errar, tende a chegar ao mercado de trabalho apenas para imitar quem já está por aí.

O "Senhor Mercado" costuma transformar as técnicas absorvidas pelo público em fórmulas prontas para serem copiadas imediatamente pela maioria das emissoras. Ao primeiro risco de perder o emprego, um jornalista recémsaído da universidade abandona suas convicções e projetos inovadores, que poderiam ser importantes para oxigenar o ambiente das redações. A esses, uma recomendação: use a faculdade como laboratório, para testar projetos novos. A universidade abre espaço para a reflexão, sem a pressão e o tempo limitado impostos pelo mercado. Permita-se sonhar e mantenha vivas as ideias que apresentaram resultados positivos. Acredite que o rádio, com seus oitenta anos de trajetória, ainda abre espaço para novos pioneiros.

De volta à Regina Casé, galho de uma árvore genealógica de muito sucesso nos meios de comunicação. Você pode até não ter assistido, mas, certamente, ouviu falar da primeira versão de *Sítio do Pica-Pau Amarelo*, transmitido pela TV Globo, entre 1977 e 1986, um dos marcos da programação infantil brasileira. O pai de Regina, Geraldo Casé, foi quem idealizou o programa, levando para o vídeo a obra de Monteiro Lobato.

A irreverência de Regina, porém, vem de mais longe. O otimismo também, como ela mesma já afirmou em entrevista. O responsável é o avô, um "pau de arara" de Caruaru, que chegou ao Rio de Janeiro no início da década de 1920. Adhemar Casé se transformaria em um dos maiores apresentadores do rádio brasileiro, graças a uma oportunidade surgida de maneira inusitada para os dias de hoje. Ele conseguiu um emprego de vendedor de receptores de rádio da marca Phillips – grupo holandês que mantinha, desde 1929, uma emissora com o mesmo nome. Em seis meses de trabalho vendeu tantos aparelhos, que foi convidado para conhecer os representantes do grupo no Brasil.

Na Rádio Phillips, Casé – o Adhemar – iniciou-se na carreira apresentando um programa dominical de música popular com dinâmica diferente da que pontuava a programação das emissoras brasileiras. Até então, entre uma atração e outra, enquanto o músico afinava seu instrumento, um silêncio constrangedor permanecia no ar. Casé, inspirado pela BBC de Londres, a qual ouvia pelas ondas curtas de um receptor caseiro, implantou a ideia de que "o show não pode parar" e as músicas eram tocadas sem interrupção.

Outra característica chamava atenção no *Programa do Casé*: o destaque para a publicidade. Isso não chega a surpreender, sendo o criador um típico homem de vendas. Lá surgiram os anúncios musicados, fáceis de cantar e recordar, os *jingles* – palavra inglesa que significa tinir, retinir, consoar ou rimar. Expressão que se traduziu em faturar, graças ao compositor, radialista e desenhista Antônio Gabriel Nássara, participante do programa ao lado de Adhemar Casé.

Nássara apresentava os anúncios durante a programação e um dia recebeu o texto publicitário da Padaria Bragança escrito em versos e com o seguinte refrão: "Oh, padeiro desta rua tenha sempre na lembrança. Não me traga outro pão que não seja o pão Bragança". Ele resolveu ler em ritmo de fado, em homenagem ao dono da padaria que, pasmem, era de origem portuguesa, compondo o primeiro *jingle* do rádio brasileiro.

NAS ONDAS DO COMERCIAL

Este livro se propõe a tratar de radiojornalismo e você deve estar pensando por que tenho tomado seu tempo focando a história a partir da publicidade. A chegada dos anunciantes foi fundamental para a consolidação do rádio, não tenha dúvida. E, também, para o enfraquecimento deste, desde o surgimento da televisão. Tema sobre o qual falaremos mais adiante.

Atualmente, o rádio fica com uma pequena parcela do dinheiro que é investido em publicidade no Brasil. Em 2003, anunciantes movimentaram cerca de 14,8 bilhões de reais. Destes, 11 bilhões de reais foram destinados aos meios de comunicação, uma expansão de 12,5% em relação ao ano anterior (dados do Projeto Inter-Meios, relatório de investimentos em mídia realizado pela empresa de auditoria PriceWaterhouseCoopers, para a Editora Meio&Mensagem). De todo esse dinheiro, saído do bolso dos anunciantes 4,5% foi parar nas emissoras de rádio: a mesma percentagem de 2002; mas inferior às de 2000 e 2001, quando se alcançou 4,9% e 4,8%, respectivamente.

> Percentagem é a forma erudita, enquanto porcentagem é expressão aportuguesada. As duas estão corretas, de acordo com os linguistas. Algumas empresas jornalísticas dão preferência para porcentagem ou porcentual, caso do grupo *O Estado de S. Paulo*. Particularmente, prefiro ler nos textos para rádio percentagem ou percentual, palavras que me soam melhor. Na dúvida, consulte o manual de redação da emissora em que você trabalha.

O investimento publicitário no rádio é pequeno se comparado com o que vai parar nas emissoras de televisão (59%) e nos jornais (18,1%). Apesar disso, a influência dos anunciantes é forte e leva, em alguns casos, a distorções no comportamento de emissoras e seus profissionais, comprometendo a credibilidade destes.

São comuns os testemunhais, quando o apresentador fala da marca ou do produto, sempre com referências positivas..

Quantas vezes você não foi surpreendido por aquele radialista famoso elogiando determinada cerveja, quando, um mês antes, havia despendido parte do tempo do programa anunciando as maravilhas da marca concorrente?

Em outras ocasiões é o repórter que, ao sobrevoar a cidade de helicóptero, encerra o boletim de trânsito lendo o anúncio de uma loja, por "coincidência" com filial na mesma avenida citada ainda há pouco. Sempre que ouço essas participações fico na dúvida se o repórter estava lá porque lá havia notícia ou se o anunciante estava lá e, por isso, lá estava o repórter.

De volta à história. Nas primeiras décadas do rádio, grandes empresas estrangeiras, com intenção de firmar a imagem no país, associavam a marca ou o nome de um produto ao dos programas. Essa estratégia foi proposta por quatro grandes agências de publicidade, que estruturavam bases no Brasil: McCann-Erickson, W. Ayer, J. Walter Thompson e Standard (a única sem matriz nos Estados Unidos). Um exemplo foi "Palmolive no Palco", apresentado por Otávio Gabus Mendes, na Rádio Record, de São Paulo, que distribuía prêmios e tinha no elenco os músicos Vassourinha e Isaurinha Garcia. Eles enchiam o peito para cantar:

> Oi, garota bonita, de pele delicada, perfumada como a rosa. Responda, por favor, pra mim. Por que é que você é assim formosa? Quer saber, realmente? É porque eu uso Palmolive. Exclusivamente, Palmolive, Palmolive.

A Colgate-Palmolive foi uma das grandes incentivadoras do rádio brasileiro, investindo no patrocínio de programas musicais, mas, também, na montagem de novelas. Marcou época *Em busca da felicidade*, que entrou no ar pela primeira vez em 5 de junho de 1941, pela Rádio Nacional do Rio de Janeiro. Logo na abertura, a voz de Aurélio Andrade anunciava: "Senhoras e senhores, o famoso Creme Dental Colgate apresenta o primeiro capítulo da empolgante novela de Leandro Blanco, em adaptação de Gilberto Martins [...]".

A presença da empresa na radionovela era resultado não apenas da paixão de Richard Penn, seu dirigente, pela dramaturgia. Fazia parte da "Política de Boa Vizinhança", desenvolvida pelo governo americano no decorrer dos anos 30 e impulsionada pela Segunda Guerra Mundial.

O radiojornalismo também sofreu esse assédio explícito e o *Repórter Esso* é testemunha do fato.

TESTEMUNHA OCULAR

O associativismo idealista dos fundadores já não cabia mais na frequência do "moderno rádio brasileiro". As reportagens de jornais rabiscadas com o lápis vermelho de Roquette-Pinto deram espaço a laudas com textos de tamanho predeterminado, e, em alguns casos, de conteúdo também. Era a fórmula da síntese noticiosa que a Standard Oil Company of Brazil, do grupo controlado pela família Rockfeller, implantava no país, em mais uma iniciativa de empresas estrangeiras de vincular o próprio nome ao de programas radiofônicos.

Às 12h55 de 28 de agosto de 1941, fanfarra e clarins, transformados em marca registrada do noticiário, tocaram para a estreia do *Repórter Esso* na Rádio Nacional do Rio de Janeiro:

> Prezado ouvinte, bom dia. Aqui fala o *Repórter Esso*, testemunha ocular da história, apresentando as últimas notícias da UPI.

"Testemunha ocular da história", segundo a ótica americana, traduzida pelas agências de notícias para o Brasil. Tal procedimento já era adotado para outras cidades da América Latina, como Buenos Aires (Argentina), Lima (Peru), Santiago (Chile) e Havana (Cuba). Por aqui, a "síntese noticiosa", na época voltada aos acontecimentos da Segunda Guerra Mundial, era privilégio dos ouvintes da Rádio Record, de São Paulo, e da Rádio Nacional, do Rio de Janeiro. Um ano antes, essa última fora encampada pelo governo de Getúlio Vargas e se transformara em fenômeno da indústria da radiodifusão. Não por acaso, a Rádio Record e a Rádio Nacional eram duas das maiores emissoras no início da década de 1940. Em seguida, o *Repórter Esso* estendeu o braço para a Rádio Clube de Pernambuco; a Inconfidência, de Minas Gerais e a Farroupilha, do Rio Grande do Sul.

A Farroupilha estava no ar desde 1935 com o mérito de ter o mais potente transmissor da época, 25kw, e um canal exclusivo internacional. Essa tecnologia refletia o profissionalismo da emissora, implantado na programação com o emprego de alguns dos maiores nomes do cenário cultural e a formação de quadros na área de jornalismo.

A Inconfidência surgiu em 1936, mesma época em que era inaugurada a Rádio Nacional, com a intenção de conversar com o homem do campo, aproximando Belo Horizonte do interior mineiro. Criou um programa rural, a *Hora do Fazendeiro*, o mais antigo que se tem notícia, e que ainda está no ar. Nos três primeiros anos de existência, o programa chegou a receber 25 mil cartas dos ouvintes. Para atingir o mesmo desempenho hoje, uma emissora precisaria receber algo em torno de 22 *e-mails* por dia – não vale somar *spams* e *releases*. Pode não parecer muito, mas lembre-se que estamos falando de uma época em que o alcance das emissoras ainda era pequeno e as mensagens chegavam pelo correio convencional.

Bem antes da rádio mineira, já estava no ar a Rádio Clube de Pernambuco, considerada três anos mais antiga do que a primeira transmissão oficial de rádio no país, em 1922. O fato se explica pela confusão histórica das transmissões radiofônicas. A Clube, até o fim da década de 1930, era a única a falar para o Nordeste brasileiro.

O perfil das emissoras que transmitiam o *Esso* deixa evidente a pretensão dos produtores, incentivados pela política americana de aproximação com os países da América Latina. E justifica a influência da síntese no radiojornalismo brasileiro. Através de suas edições se forjou o primeiro modelo organizado de noticiário com características próprias do veículo. A notícia era redigida com períodos curtos e de forma direta. Tinha textos objetivos, sem adjetivos. Ao proibir o uso de orações intercaladas, eliminava a prática comum na época de se ler os textos da mesma maneira que eram escritos pelas agências de notícia, produzidos para serem publicados nos jornais impressos.

> Já conversamos sobre o tema, mas vale voltar ao ponto. A praga de usar texto escrito para jornal em noticiário de rádio ainda está solta nas redações, 63 anos depois da iniciativa do *Repórter Esso*. Talvez fosse o caso de reler os manuais antigos do rádio e fazer algo novo.

O manual de produção do *Repórter Esso* apresentava características curiosas. Nas notícias do Brasil, citavam-se os nomes apenas dos presidentes da República, do Congresso Nacional, do Supremo Tribunal Federal, do Superior Tribunal Militar, do Tribunal Federal de Recursos, além de governadores e ministros de Estado. A intenção era impedir outras pessoas de usarem a audiência e importância do *Esso* para promoção particular. Para reduzir o impacto de uma notícia trágica, a edição da síntese apresentava, sempre que possível, um fato mais ameno.

O locutor Heron Domingues foi a voz mais conhecida do *Esso*. Ele apresentava o noticiário na Rádio Farroupilha, em Porto Alegre, quando, em concurso nacional, foi escolhido para comandar a edição a partir do Rio de Janeiro, em 1944. Recebeu a responsabilidade de transmitir para o Brasil inteiro as notícias mais importantes da Segunda Guerra Mundial. A Rádio Nacional, dois anos antes, havia adquirido transmissores de ondas curtas que permitiam a transmissão para todo o país, e também para alguns pontos no exterior. A dramaticidade da leitura foi uma das marcas de Heron Domingues, seguindo sugestão de um colega da Farroupilha. De acordo com Mauro de Felice, autor do livro *Jornalismo de rádio* (Thesaurus, 1981), Ruy Figueira, também locutor do *Esso*, recomendou: "Você deve ler, descrever os acontecimentos, como se estivesse em uma barricada".

A colaboração de Heron Domingues para criar um modelo de noticiário apropriado para o rádio não se resume à voz e forma de apresentação. José Maria Manso trabalhou ao lado dele na Nacional e, em depoimento ao programa *O Rádio no Brasil* produzido em 1988 pela BBC de Londres, explica:

> Foi ele [Heron Domingues], por exemplo, que mediu o tempo de leitura e começou a numerar as linhas. Uma leitura normal de um locutor de notícias demora 15 linhas por minuto. Isso foi descoberta do Heron ou, pelo menos, introduzido por ele no radiojornalismo. Então era fácil determinar quanto tempo iria durar um jornal. Bastava numerar as linhas e ir somando os valores, e poderia agrupar para sete para oito, graças a esta medição.

A entrada dos computadores nas redações eliminou a necessidade de numerar as linhas das laudas. Programas de informática calculam, automaticamente, o tempo da notícia. É possível, inclusive, converter o tempo para o ritmo de cada um dos locutores, facilitando o trabalho de editores e produtores. Porém, a ideia básica de verificar o tempo da nota conforme a quantidade de linhas ainda permanece.

Em 1948, Heron Domingues implantou a Seção de Jornais Falados e Reportagens da Rádio Nacional, o primeiro departamento de jornalismo em uma emissora. A equipe tinha um chefe, quatro redatores e uma espécie de editoria de política, instituindo a rotina

33

que deu origem àquela mantida, atualmente, nas redações. É bem verdade que havia muito mais redatores do que agora, o que, talvez, explique a queda na qualidade do texto radiofônico hoje em dia.

FALANDO DO JORNAL FALADO

O uso da expressão "jornal falado" é mais do que um contraponto do rádio ao "jornal escrito". É a própria contradição. Não se buscava um novo formato, adaptado para o radiojornalismo. Apenas lia-se em voz alta a notícia publicada no jornal impresso. Não havia mudanças significativas na estrutura da frase, por exemplo. Nada, porém, tira a importância desses programas dos anos 30 e 40, quando se construía o jornalismo de rádio.

Nessa fase, em 1935, surge a Rádio Tupi, do Rio de Janeiro, primeira emissora de um dos mais influentes grupos de comunicação do país, os Diários e Emissoras Associados, de Assis Chateaubriand. Quatro anos após a fundação, entrava no ar o *Jornal Falado Tupi*, ideia de Auriphebo Simões, aperfeiçoada, em 1942, pela intervenção de Armando Bertoni e de Coripheu de Azevedo Marques. "O Grande Jornal Falado Tupi" como passou a ser conhecido na segunda fase, introduziu um modelo de radiojornal diferente da síntese noticiosa, consagrada pelo *Repórter Esso*.

O programa tinha a participação de quatro locutores: Alfredo Nagib, Mota Neto, Auriphebo Simões e Ribeiro Filho. A estratégia oferecia ao ouvinte mais agilidade na informação. Coripheu de Azevedo Marques era funcionário dos Diários Associados e trabalhava em jornais do grupo, antes de se transferir para a Tupi. Com a mudança, levou, também, a experiência do jornalismo impresso e fez de seu conhecimento um caminho para o rádio.

Luiz Artur Ferraretto, professor de comunicação da Universidade Luterana do Brasil (Ulbra), de Canoas, no Rio Grande do Sul, e autor do livro *Rádio, o veículo, a história e a técnica* (Sagra Luzzatto, 2000), traça um paralelo entre o formato do programa e o jornal impresso:

> O *Grande Jornal Falado Tupi* reproduzia, assim, a estrutura comum à imprensa escrita. No início, a identificação do noticiário como o cabeçalho de um periódico impresso. Depois, com a marcação da sonoplastia, as manchetes a reproduzir a capa de um jornal. Seguiam-se as notícias agrupadas em blocos – política, economia, esportes... – tal qual faziam os diários com suas editorias.

Qualquer semelhança com os programas jornalísticos de rádio dos tempos atuais não é mera coincidência. A fórmula implantada quando o jornalismo começava a surgir no rádio brasileiro permanece mais de oitenta anos depois. É possível encontrar uma mudança aqui, outra acolá, mas as ideias apresentadas aos ouvintes pelo *Esso*, com a síntese noticiosa, e pela Tupi, com o jornal falado, ainda são referências na programação radiofônica.

Não desconsidero os que modernizaram a programação nem os que buscaram novos caminhos. Mas, ao ouvir a maioria das emissoras que, atualmente, apresentam programas jornalísticos não tenho como deixar de pensar que aquela turma do passado era, realmente, muito boa, capaz de inventar e reproduzir modelos definitivos para o radiojornalismo. Ou seríamos nós, profissionais de hoje, de pouca criatividade, mesmo?

INFORMAÇÃO, EM TODOS OS TEMPOS

O jornalismo, mal ou bem, sempre fez parte da programação. A notícia dividia o tempo com a indústria do entretenimento, que se difundia pelos programas de auditório, apresentação de calouros e transmissões das novelas. Foi parceira do esporte, que se consagrou com narrações das partidas de futebol, principalmente.

Informar foi verbo conjugado em todos os tempos do rádio.

No início da década de 1920, Frank Conrad, funcionário da Westinghouse, transmitia notícias lidas nos jornais, quando não executava músicas, a partir de um transmissor "estacionado" na garagem da casa dele, em Pittsburgh, no estado americano da Pensilvânia, como falamos anteriormente.

A Westinghouse, ao verificar que as lojas começavam a receber clientes interessados em comprar receptores de rádio, decidiu pôr no ar a KDKA-A, em novembro de 1920. A intenção era criar demanda para um negócio com possibilidades de ser lucrativo. Na inauguração, transmitiu as eleições presidenciais americanas daquele ano levando aos ouvintes informações repassadas por telefone pelos jornalistas do Pittsburgh News, um diário local.

Jornal e rádio fizeram "tabelinha" de excelente resultado ao longo da história. Na redação dos impressos estavam os profissionais acostumados às coberturas jornalísticas. E de lá saíram para as rádios. Por isso, nas primeiras décadas da radiodifusão, repetiram-se nos estúdios das emissoras modelos que deram certo nos jornais.

As empresas de comunicação tentadas a ampliar seus negócios também passaram a investir no novo veículo. Caso da Rádio JB que nasceu PRF-4, do grupo Jornal do Brasil. Em 1935, a emissora carioca se lançou no mercado com o *slogan* "música e notícia". Ainda na década de 1930, o jornal *O Globo* assumiu o controle da Rádio Transmissora do Rio de Janeiro. Enquanto isso, o grupo Jornal A Noite, que mantinha no "guarda-chuva" as revistas *Noite Ilustrada, Carioca* e *Vamos Ler*, comprava a Rádio Phillips do Brasil, transformando-a em Rádio Nacional do Rio de Janeiro.

Um pouco de atenção e você terá se dado conta de que a entrada do *Jornal do Brasil* no rádio se dá no mesmo ano em que os Diários Associados colocam no ar a Tupi do Rio, que depois, em 1937, ganharia a versão paulista. Assis Chateaubriand, homem com faro excepcional para negócios e acordos políticos, invadiu o mercado radiofônico ao entender que lá estava o futuro das comunicações – assim como faria, anos depois, com a televisão. Estendeu seu poder a 25 emissoras de rádio.

No livro *Império das palavras: estudo comparado dos Diários e Emissoras Associadas, de Assis Chateaubriand, e Hearst Corporation, de Willian Randolph Hearst* (Edipucrs, 1997), Jacques Wainberg fez as contas e puxou o traço para registrar que o "reino de Chatô" abrangia, além das emissoras de rádio, 33 jornais, 22 estações de televisão, uma editora, 28 revistas, duas agências de notícias, três empresas de serviço, uma de representação, uma agência de publicidade, três gráficas e duas gravadoras de discos.

O jornalismo peca ao atuar de forma pragmática, impondo à sociedade a dualidade entre o bem e o mal. Constrói ídolos e cria vilões com uma facilidade que põe em dúvida a conduta ética diante dos fatos. Aproveito o parágrafo sobre Assis Chateaubriand para fazer esse alerta. Quando avaliado apenas pelo currículo apresentado, se têm uma imagem sobre o empresário e jornalista. Não se deve esquecer que, segundo conta Fernando Morais, em *Chatô, o* rei do Brasil (Companhia das Letras, 1994) o império dos Diários Associados foi montado com base no talento, é verdade, mas também a partir de métodos pouco recomendáveis do ponto de vista ético, como chantagens, pressão política, ameaças e mentiras.

A notícia e a prestação de serviços foram importantes para a implantação do rádio no cenário pós-Primeira Guerra Mundial, assim como ganharam expressão nos anos 30 e 40. Foram, também, fundamentais para a sustentação do veículo durante outra batalha, dessa vez com a televisão.

Com a chegada da TV, na década de 1950, o rádio perdeu artistas, profissionais e poder de influência com a transferência das verbas publicitárias. Foi-se recuperar anos depois com a estruturação de novas emissoras construídas com base no tripé jornalismo, esporte e entretenimento – aqui com destaque para a música gravada, pois os artistas, por motivos evidentes, deram preferência aos programas de auditório da televisão. Lá, os cachês eram maiores.

O RADIORREPÓRTER

O repórter na rua, acompanhando os fatos, reproduzindo ao ouvinte o que acontece naquele exato momento, foi a estratégia usada pelas emissoras de rádio para recuperar prestígio e competir com a televisão, que ocupou o lugar do rádio na sala das casas. A Emissora Continental e a JB, no Rio de Janeiro; a Bandeirantes e a Record, em São Paulo, entenderam a necessidade de oferecer informação ao vivo, apesar da falta de mobilidade dos equipamentos da época. Em lugar do pequeno gravador ou celular que cabem no bolso da calça, havia enormes aparelhos que precisavam ser carregados por mais de um funcionário. A voz do repórter chegava aos transmissores por linha telefônica, nem sempre disponível nos lugares em que estava a notícia.

A Continental investiu nessa proposta, em 1948, para competir com a Nacional, Tupi e Mayrink Veiga. Antecipou-se a entrada da televisão e introduziu a reportagem no rádio, pelo que relata Mauro de Felice, em seu *Jornalismo de rádio* (Thesaurus, 1981). Trânsito, meteorologia e hora certa faziam parte da prestação de serviços.

Em São Paulo, a Bandeirantes, no ar desde 1937, ampliou seu noticiário na metade dos anos 50, repetindo formato do rádio argentino, com informação a cada quinze minutos de programação. Nas horas cheias, o espaço de um minuto reservado às notícias se ampliava para três minutos. Desde 1950, a emissora transmitia por 24 horas, ininterruptamente. Mais tarde, lançaria uma série de programas, entre os quais o Trabuco, de Vicente Leporace, que durante quinze anos comentou notícias publicadas em jornais aplicando o formato do jornalismo de opinião.

Ainda no fim da década de 1950, o jornalista Reinaldo Jardim lança, na *Jornal do Brasil*, o serviço de utilidade pública. Inicialmente, se parecia com uma sessão de achados e perdidos dos jornais impressos. Nos anos 60, a programação jornalística da JB ganha mais espaço, com ênfase na reportagem, oferecendo ao ouvinte notícia rápida e certa – pelo menos era essa a intenção.

Em outros estados brasileiros, novas emissoras surgem trazendo a mesma linha de programação. No Rio Grande do Sul, a Rádio Guaíba, inaugurada em 1957, assim como a JB, foi respaldada por um jornal de tradição, o *Correio do Povo*, da Companhia Jornalística Caldas Júnior. O jornalismo dividia espaço com o esporte e a música clássica, tendo como destaque o *Correspondente Renner*, a mais antiga síntese noticiosa em atividade no Brasil, atualmente com o nome *Correspondente Portocred*.

A Jovem Pan nasceu Panamericana, em 1944, com o objetivo de transmitir novelas. Logo mudaria o foco para o esporte, devido à compra da emissora por Paulo Machado de Carvalho Filho, também proprietário da Record, Bandeirantes, Excelsior e Difusora Hora Certa de Santo Amaro. Antes do fim dos anos 60, a Joven Pan dirigia a programação para o jornalismo, o que serviu de base para a implantação, entre 1970 e 1972, do *Equipe Sete e Trinta, Jornal da Manhã* e *Jornal da Integração Nacional* – este com o mérito de ser o primeiro apresentado em rede para todo o Brasil.

Para se recuperar do impacto sofrido pela chegada da televisão, muitas emissoras se transformaram em "vitrolões" – alusão aos aparelhos de som que tocavam discos – executando música gravada, com forte influência americana. Mas quem apostou no jornalismo ganhou a marca da credibilidade.

CAIU NA REDE

Uma das características do rádio é a proximidade com o ouvinte, a conversa direta com o cidadão. A expressão "falar ao pé do rádio" transformou-se em lugar comum, mas reproduz bem a sensação de quem está à frente do microfone contando histórias do cotidiano. O público se identifica com a emissora da cidade e com o radialista de plantão. Tem no âncora a figura que, diariamente, divide emoções e faz companhia, seja pelo rádio sobre a pia, no painel do carro ou no computador do escritório. Situações que fortaleceram a cobertura de temas locais parecem impedir as emissoras de atuar em rede nacional. O que não é verdade.

Não bastasse a experiência da televisão brasileira, muito competente na transmissão de cobertura nacional, mesmo nos programas jornalísticos, os projetos implantados no rádio, principalmente após a década de 1970, provaram não haver nenhuma incompatibilidade entre estar na rede e falar para a cidade. Mais de uma emissora enveredou por esse caminho, aproveitando-se em alguns momentos de interesses políticos do governo federal, da tecnologia desenvolvida e das oportunidades comerciais e financeiras. Na verdade, boa parte das experiências foi feita por grupos que mantêm ou mantiveram uma rede de rádios, não rádios em rede. Esse é um cuidado que se deve ter ao estudar o tema.

Como será visto em seguida, em diferentes momentos da história do rádio se forjou a formação de redes, mas esse é um fenômeno típico do fim do século xx, influenciado pela economia global.

O rádio mal dava os primeiros sinais de vida no Brasil e uma indústria da área de eletroeletrônico se atrevia a testar por aqui um sistema de rede semelhante ao implantado nos Estados Unidos. Foi a Byington&Cia, que anos mais tarde cairia nas malhas da Motorola. Bem antes disso, os industriais da Byington se iniciaram na radiodifusão, em 1927, com a Rádio Cruzeiro de São Paulo. Em seguida, incorporaram a versão carioca da emissora, a Kosmos, também de São Paulo, e a Clube do Brasil, do Rio de Janeiro.

Aproveitando a oportunidade oferecida pelo esporte e a experiência de algumas emissoras do grupo nas transmissões de futebol, a Byington lançou a Rede Verde-Amarela, durante a cobertura do Mundial da França, em 1938. Dificuldades técnicas, como a precariedade das linhas telefônicas, e intransigência política (não conseguiram licença do governo Getúlio Vargas para explorar as ondas curtas) impediram a consolidação do projeto, atrasando o Brasil em, pelo menos, quatro décadas. A falta de autorização talvez resultasse da desconfiança de que a formação de uma rede de rádios poderia se transformar em força sublevadora. Apoio político não faltou à Rádio Nacional, inaugurada em 1936, no Rio de Janeiro. A emissora levou para os estúdios os principais artistas da música e das artes dramáticas, formando o melhor elenco do rádio brasileiro, daquela época. O pagamento de salários generosos para garantir a qualidade da programação teria sido um dos motivos de uma dívida considerada alta, em 1940, que serviu de justificativa para o governo de Getúlio decretar a encampação. Pelo menos, foi essa a desculpa utilizada para encobrir o interesse em manter sob seu domínio uma emissora que começava a se projetar e a influenciar a opinião pública brasileira.

A entrada de dinheiro público e o talento dos responsáveis pela programação – de diretores, como Gilberto de Andrade, até produtores e apresentadores – fez a Nacional se expandir ainda mais, transformando-se em uma emissora ouvida em todo o Brasil, a partir dos estúdios do Rio de Janeiro. Paulo Tapajós, um dos principais construtores da Nacional, em depoimento para a BBC Brasil, relata que as ondas curtas da emissora carioca, ampliadas em 1942, chegavam a atravessar fronteiras:

> Naquele tempo nós transmitíamos em ondas curtas para o mundo inteiro... principalmente durante a guerra. Durante a guerra transmitíamos com antena direcionada para a Europa, objetivando alcançar a Inglaterra, França, Itália, Portugal e Espanha. Para esses países nós tínhamos locutores nativos. Um inglês, um francês, um italiano, um português e um espanhol. E transmitíamos, também, com a antena dirigida para oeste com o objetivo de pegar os países do Pacífico, que falavam a língua espanhola. E essa antena acabava dando a volta ao mundo, pegando a África e o Brasil de volta. Com isso o poderio da Nacional cresceu, ampliou. Ela em certa época chegou a ser considerada a quinta emissora do mundo, concorrendo com redes como a NBC, a BBC, a Rádio e Televisão Francesa e a RAI. E nós em quinto lugar, uma emissora sozinha.

A Nacional não podia ser vista como emissora em rede, mas desenvolvia esse conceito ao atender diferentes estados brasileiros – e mesmo outros países, como visto – com a mesma programação, usando a mesma linguagem para todo o Brasil.

Os Diários e Emissoras Associados usavam profissionais de uma emissora em outra, exportavam programas de sucesso, além de aproveitarem a estrutura dos jornais do grupo na redação e na comercialização da programação radiofônica. Assis Chateaubriand abusava do próprio poder para difundir seus ideais políticos. Mas era um típico exemplo de grupo que detinha uma rede de rádio – na verdade, tinha um conglomerado de comunicação – mas não uma rádio em rede.

A Bandeirantes, em 1958, comandou uma experiência que lembrava a tentativa feita pela Byington&Cia, vinte anos antes. Para transmitir a Copa do Mundo da Suécia foi formada a Cadeia Verde-Amarela Norte-Sul do Brasil, com quatrocentas emissoras. Em 1960, a Nacional e a Guaíba, de Porto Alegre, montaram uma operação conjunta para a cobertura da eleição para presidente da República, com a presença de correspondentes em todos os estados.

Até aquele momento, no entanto, a ideia atual de transmissão em rede não havia sido apresentada. Isso só foi possível a partir dos anos 70. A Embratel, criada pelo governo federal, em 1965, interligou o país modernizando o sistema de telecomunicações. Foi quando a Jovem Pan, de São Paulo, lançou o *Jornal de Integração Nacional*, transmitindo notícias de diferentes cidades brasileiras.

O poder estatal usufruiu da perspectiva aberta com o aprimoramento técnico das transmissões e criou o Projeto Minerva, em 1970, e a Radiobrás, cinco anos depois. Assim, ampliava seu espaço no rádio, até então ocupado pela *Voz do Brasil*, programa criado pelo presidente Getúlio Vargas e transmitido em rede nacional, desde a década de 1930.

Note que Vargas, muito antes de Collor e companhia, entendia a importância do *marketing* para se manter no comando, e usava muito bem o rádio em sua política de comunicação com as massas.

Se em 1970 a novidade era a integração nacional por intermédio da modernização das telecomunicações, em 1980 foi a chegada das redes via satélite que mudaram o cenário radiofônico. A Bandeirantes foi a primeira a explorar o sistema com a apresentação do programa *Primeira Hora* para 25 emissoras, em 1982.

O lançamento de dois satélites próprios, em 1985 e 1986, e a criação do Radiosat, em 1989, pela Embratel, permitiram a formação das redes nacionais com o surgimento da "cabeça de rede" e da "afiliada". Foi então que a Radiobrás criou o *Jornal Nacional* – não confundir com o noticiário consagrado pela TV Globo –, transmitindo em cadeia para cerca de quatrocentas estações, a partir do estúdio em Brasília.

"Cabeça de rede" é o nome dado à emissora líder da cadeia de rádio, responsável por produzir e gerar os programas. Geralmente, é ela quem define a linha editorial. As "afiliadas" têm o compromisso de enviar boletins e participar da programação sempre que notícias de interesse nacional ocorram na região onde atuam. Em alguns casos, por interesse empresarial, a rede pode ter mais de uma "cabeça", mas a experiência não costuma ter resultado positivo.

Nos anos 1990, as redes de rádio se expandem no Brasil com reprodução total ou parcial da programação. Como sinal dos tempos, para destacar o novo sistema de transmissão, algumas emissoras agregam ao nome o sufixo Sat.

A Bandeirantes de São Paulo lança a BandSat; a Itatiaia de Minas, a Itasat; a Gaúcha de Porto Alegre, a Gaúcha Sat apenas para citar alguns exemplos. Esta última, do Grupo RBS, anuncia ter 116 afiliadas distribuídas em nove estados brasileiros.

NOTÍCIAS 24 HORAS

A tabelinha rádio e jornal permitiu à JB do Rio se aventurar em uma programação ainda desconhecida no Brasil, nos anos 80, mas consolidada nos Estados Unidos. Com a ideia se importou, também, a expressão *all news* que poderia muito bem ter sido adaptada para a língua portuguesa. Mas, talvez, traduzir por "só notícia" não teria o mesmo impacto. Quem sabe, então, "radionotícia", "radiojornalismo" ou "notícias 24 horas"? Deixo esse desafio para o pessoal da publicidade: encontrar uma marca brasileira para identificar o conceito de rádio que a JB teria lançado no Brasil.

Usei o condicional para falar sobre a experiência da JB porque, na verdade, a programação não veiculava apenas notícia. Ainda usava o recurso de intercalar música com os programas jornalísticos. Seja como for, a Rádio JB, apoiada no jornalismo consagrado pelo *Jornal do Brasil,* investiu em uma programação dedicada quase que exclusivamente à notícia, em maio de 1980. Foi um esforço fugaz. Mesmo com grandes nomes do rádio, faltava à emissora carioca uma equipe de profissionais maior e melhor preparada para as novas exigências, além da carência de equipamento técnico.

Em *Radiojornalismo no Brasil, dez estudos regionais* (Com-Arte, 1987), organizado por Gisela Swetlana, que reuniu o trabalho de profissionais e especialistas na linguagem de rádio, é possível encontrar o depoimento do chefe do Departamento de Jornalismo da JB, Carlos Augusto Drummond. Ele justifica os motivos que levaram a emissora a deixar de lado esse modelo seis anos após o lançamento:

> Com os profissionais médios, com quem a gente trabalha, esse tipo de rádio jamais daria certo, porque é preciso uma capacidade de trabalho e de improviso muito grande e de pessoas com habilidade de microfone se revezando no trabalho diário... Além disso, um investimento técnico também se faz altamente necessário e isso a JB AM nunca teve, como carros equipados com bons transmissores e telefones diretos no estúdio para que os repórteres pudessem se alternar no ar, ao vivo, durante grande parte da programação de rádio.

A Rádio Gaúcha, não por acaso ligada a um grupo de comunicação que tem no jornal Zero Hora uma de suas principais forças, também investiu no sistema de notícias em tempo integral, a partir de 1983. Foi o caminho encontrado para enfrentar a principal concorrente no mercado, a Guaíba, até então maior referência de radiojornalismo no sul do país, com forte penetração no público classe A/B.

A experiência dos gaúchos, contudo, ainda não era o *all news,* como nos Estados Unidos. Não havia música, mas os programas eram do estilo *talk show,* com muita entrevista e pouca reportagem, ou, como seus próprios diretores definiram certa vez, usavam o modelo *talk and news.*

> Incrível como não temos criatividade para batizar o modelo de rádio que implantamos na terra do tupi-guarani. Pelo menos tome o cuidado, ao redigir para o rádio palavras estrangeiras, de escrevê-las em negrito, para chamar a atenção do locutor. Costumava-se exigir que essas expressões viessem acompanhadas pela pronúncia entre parênteses. Apesar de a regra com o tempo ter sido abandonada, antes de passar para frente uma notícia com uma palavra estrangeira, pense duas vezes se não tem similar nacional. Preservar nossa língua também é uma questão ética.

O sistema de jornalismo em tempo integral, dentro do conceito americano, foi introduzido no rádio brasileiro apenas com a chegada da Central Brasileira de Notícias, do Sistema Globo de Rádio. Em 1991, a Excelsior de São Paulo e a Eldorado do Rio transformaram-se em CBN. Nos primeiros meses, a versão carioca da emissora ainda executava músicas em meio aos programas jornalísticos, enquanto a paulista aboliu a prática desde o início.

É interessante notar que, apesar de já ser conhecido o sistema de notícias 24 horas usado por redes de rádios nos Estados Unidos, foi a televisão, através da CNN, na época com sinal gerado para o Brasil e distribuído pelas empresas de TV a cabo, que inspirou as Organizações Globo.

A programação da CBN ainda não era transmitida em rede, como atualmente, mas havia interação entre as emissoras do Rio e São Paulo, com diálogo e troca de informação entre os apresentadores. A Central Brasileira de Notícias se ampliou agregando canais de Brasília e de Minas Gerais, além de dezenas de afiliadas.

O bordão "a rádio que toca notícia" foi criado para a CBN pelo publicitário Nizan Guanaes e prova que, com um pouco de esforço, imaginação e boa vontade, encontraremos uma expressão brasileira para substituir o *all news*. *All right?*

RÁDIO TOCA NOTÍCIA

Uma rádio de São Paulo, com frequência modulada e que apenas reproduzia música, foi o canal explorado pelas Organizações Globo para reproduzir o jornalismo da CBN AM. Nos primeiros três meses, serviu apenas como uma espécie de "tapa-buraco". "Canal de FM é para tocar música, não notícia", garantiam os especialistas, na época.

> Garantir é verbo transitivo direto a ser eliminado do noticiário de rádio – e também de TV, jornal e internet. Primeiro porque, normalmente, usamos a expressão de maneira errada. Com medo de repetir palavras no texto, temos o costume de dizer que alguém garantiu, quando alguém apenas disse, falou ou afirmou. Segundo porque, mesmo quando alguém garante alguma coisa, é bom desconfiar. Principalmente tendo em vista o que aconteceu com os que garantiram que FM é só para tocar música.

A frequência modulada teve as primeiras experiências nos anos 40, nos Estados Unidos, e se consolidou na década de 1960, com transmissão de maior qualidade e de menor alcance. Uma das pioneiras no Brasil foi a Difusora FM, dos Diários e Emissoras Associados, que entrou no ar a partir de 1970. Como em toda a história do rádio, há divergências sobre quem fez a primeira transmissão modulada no país. Em 1955, a Rádio Imprensa teria usado o sistema para transmitir sua programação para lojas e escritórios, cobrando taxa dos "assinantes".

A ideia de tocar "música de consultório" marcou os primeiros anos das emissoras de frequência modulada que só podiam ser ouvidas em equipamentos de som importados, pois os fabricantes dos aparelhos de rádio, no Brasil, ainda não acreditavam na possibilidade desse sistema se tornar viável comercialmente. Exceção à regra foi a Telefunken do Brasil, que produziu alguns receptores nacionais logo no início.

> Imagine quantos técnicos e executivos dos fabricantes de rádio "garantiram" que a FM não iria funcionar.

O público restrito, de poder aquisitivo maior e gosto refinado, e a qualidade de som melhor, fizeram do rádio FM o espaço ideal para música erudita. Até que o regime militar enxergou na frequência modulada a ferramenta necessária para a estratégia política de integrar e desenvolver o país, além de restringir o crescimento das emissoras AM. Luis Carlos Saroldi falou do assunto para a BBC Brasil:

Os governos que se seguiram passaram a usar a concessão de estações FM como um instrumento de jogo político e com isso a faixa FM se ampliou rapidamente em meados da década de 70. Enquanto isso, o AM sofria um desgaste de imagem, passou a ser considerado uma coisa popular e, até mesmo, desestimulado pelo governo, porque se tornou uma espécie de perigoso veiculo de comunicação. O FM, com seu alcance pequeno, seria de muito mais fácil manipulação, e [de] comportamento muito mais voltado ao entretenimento do que ao debate de temas políticos.

O rádio FM no Brasil foi, também, influenciado pela programação das emissoras americanas e, a partir da segunda metade da década de 1970, extrapolou as fronteiras dos consultórios, escritórios e receptores privilegiados para chegar aos jovens. Passou a ser tratado com um tom menos formal e com locução espontânea. Poucos veículos colaboraram tanto para difundir a língua inglesa por aqui como o rádio FM.

Ao jornalismo era reservado apenas o espaço obrigatório previsto em lei para a frequência modulada. Mesmo assim, as notícias eram apenas lidas, muitas vezes reproduzidas das emissoras AM, pois parte das FMS pertencia a empresas que exploravam o rádio em ondas médias. Não havia departamentos de jornalismo específicos ou equipes de reportagem. Em 1958, a emissora Eldorado reproduziu a mesma programação da AM, sem obter sucesso.

A primeira emissora a fazer jornalismo em rádio FM foi a CBN, na metade da década de 1990. A transmissão experimental ganhou público e a confiança dos anunciantes. A estação do Sistema Globo de Rádio, fora do ar há meses, encontrou nova função. Na época, uma novidade. A mesma programação jornalística do AM era transmitida em frequência modulada, dividindo a sintonia do rádio com emissoras dedicadas apenas à música.

Rádios jornalísticas, sobretudo em São Paulo, começaram a investir na ideia. Algumas reproduziam um ou outro programa – como a Eldorado e a Jovem Pan – outras repetiram a experiência da CBN. Atualmente, a Bandeirantes mantém uma emissora FM em Santos transmitindo com antena voltada para a capital paulista em frequência modulada.

Hoje, ao passear pelas estações, é possível encontrar rádios especializadas em música sertaneja, MPB, pop, rock, jazz, erudita, mensagens religiosas e, também, em jornalismo. Foi quebrado um paradigma do rádio brasileiro. FM não serve apenas para tocar música, mas, também, notícia.

CAPÍTULO II

Rádio em cena

ENGANO LAMENTÁVEL

Imagine que você mora em um bairro afastado, decide passear pelo centro da cidade, mas não dispõe de carro, ônibus ou metrô. Táxi é muito caro. A opção seria montar num cavalo ou ir a pé. A situação parece absurda para os dias de hoje, mas em muitas cidades não tão distantes, ainda cruzamos com pessoas em carroças puxadas por cavalo magro. Certamente a impressão causada pela cena não é positiva. Sinaliza atraso, pobreza e miséria.

Estivesse certa a previsão da revista *Time*, feita em meados dos anos 40, você teria a mesma sensação se, hoje, ao chegar à casa de um amigo, o flagrasse ouvindo notícias pelo rádio. Naquela época a televisão entrava em cena, e a publicação americana afirmou, taxativamente, que, cedo ou tarde, o novo veículo tornaria o rádio tão obsoleto quanto o transporte a cavalo.

A profecia da *Time* foi registrada por Eduardo Meditsch, da Universidade Federal de Santa Catarina, em *Sete meias-verdades e um lamentável engano,* trabalho em que busca derrubar a tese de que "os dias do rádio pertencem ao passado".

A história está cheia de lamentáveis enganos sobre o rádio. Aqui mesmo no Brasil, a morte do veículo foi anunciada muitas vezes. Em nenhuma foi apresentado o atestado de óbito.

Cassiano Gabus Mendes, ator e diretor de cinema, teatro e televisão, em entrevista feita em novembro de 1952, comentou que "o rádio vai sumir dentro de dez anos". Meio século depois, Gabus Mendes tem o trabalho discutido e divulgado em emissoras de rádio que, além de não terem sumido, se transformaram em importante canal para a cultura brasileira.

O erro da *Times*, de Gabus Mendes e de outros "profetas do apocalipse do rádio" se justifica pela fulminante chegada da televisão ao Brasil, nos anos 50. O fato obrigou as emissoras de rádio a rever conceitos e a programação. Houve, na época, natural migração de verbas publicitárias e de profissionais para a TV. Grandes elencos de radioteatro e radionovela; programas de auditório com suas estrelas e músicos; humoristas e suas piadas ficaram fascinados pela imagem, assim como o público.

Apresentações ao vivo deram espaço para a execução de discos; auditórios não tinham mais razão para existir e os programas se voltaram aos estúdios; as coberturas esportivas ganharam espaço – a televisão ainda não tinha tecnologia para transmitir jogos de futebol ao vivo. O jornalismo, a prestação de serviço e a música gravada substituíram o rádio espetáculo. Esse sim, sumiu.

GOLPE NA CREDIBILIDADE

O impacto proporcionado pela televisão pode ter ocasionado prejuízos, mas o rádio reencontrou seu caminho e reinterpretou seu papel entre as mídias. Muito pior foram os reflexos sentidos pela manipulação política da qual esse veículo foi vítima. O grande alcance sempre chamou atenção das elites interessadas em difundir as próprias ideias. Diferentes governantes usaram as ondas médias e curtas para influenciar o destino do país. Menos legítima foi a forma como algumas autoridades exploraram a concessão de licença de uso dos canais de rádio.

A essa altura, você deve ter notado que os critérios de concessão variaram muito de acordo com o caráter e a personalidade de quem os oferecia e de quem os recebia. Por exemplo, a Byington&Cia não foi autorizada pela Comissão Técnica de Rádio, criada em 1932, no governo Getúlio Vargas, a explorar os canais de ondas curtas, que lhe permitiriam a consolidação do projeto de rede nacional. Não soava bem para o governo revolucionário a ideia de uma emissora transmitir mensagens, sem controle direto, para todo o país.

Mas, se a informação estivesse sob a batuta dos governantes, até que uma rede de rádio não seria ruim. Tal rede nunca existiu, mas a informação pôde ser distribuída para todo o país pelas emissoras que receberam concessão pública. Assim foi criada a *Hora do Brasil* em 22 de julho de 1935, para transmitir as realizações do governo, pronunciamentos de caráter político – nunca contra as autoridades, evidentemente – e música popular, afinal ninguém é de ferro. Com o Estado Novo, iniciado em 1937, a transmissão de a *Hora do Brasil* passou a ser obrigatória. Nem mesmo a redemocratização do país acabou com essa imposição. A *Hora do Brasil* não foi apenas mantida como ampliada, transformando-se, a partir de 1946, em *Voz do Brasil*.

Voltando um pouco no tempo, lembre-se da Nacional, encampada pelo governo Getúlio Vargas, que tinha em seu poder a mais importante emissora da época. Como foi visto, graças às ondas curtas, além do Brasil, a rádio transmitia para vários outros países.

Autora de *Rádio Nacional, o Brasil em sintonia* (Funarte,1984), ao lado de Luiz Carlos Saroldi, a pesquisadora e professora de radiojornalismo da Universidade do Estado do Rio de Janeiro, Sônia Virginia Moreira, conta que as ondas curtas foram fundamentais para a implantação da política de integração nacional:

> Aqui dentro ela foi muito importante como projeto político, porque de repente tinha um cara que morava lá no Amazonas e ele estava sabendo o que estava acontecendo no Rio de Janeiro; qual tinha sido o discurso do Getúlio Vargas no Dia do Trabalhador, naquele ano; quais eram as últimas providências adotadas pelo governo federal em várias áreas, sempre de acordo com a política do governo da época. Ou seja, a partir do Rio de Janeiro, a Rádio Nacional irradiava para o Brasil interior, todos os dados, discursos, não só do presidente, que era Getúlio Vargas, como dos ministros e etc.

No regime militar, a partir de 1964, mesmo com a presença da televisão, o rádio ainda influenciava a opinião pública e, por isso, sofreu forte pressão política. A mesma mão que liberava concessões, as tirava. A Mayrink Veiga, do Rio de Janeiro, que disputava a hegemonia com a Nacional, foi fechada sob a justificativa de que havia irregularidades na transferência da emissora para a Rede Piratininga, de São Paulo. O problema não era jurídico, era político. A Piratininga era de propriedade do senador paulista Miguel Leuzzi, muito próximo de João Goulart, presidente deposto, e de Leonel Brizola. No mesmo período, a Nacional foi alvo da censura dos golpistas e seu quadro de funcionários foi perseguido. Tendo "gente da casa" como informante, vários colegas foram investigados, presos e ou demitidos. A acusação era quase sempre a mesma: comunistas.

Por outro lado, simpáticos ao regime militar eram agraciados com concessões de rádio. A preferência era por emissoras em frequência modulada, como se destacou em capítulo anterior, pois não tinham longo alcance, permitindo um controle maior. Empresários e políticos ligados à Arena, partido governista, não encontraram resistência em suas pretensões de se transformarem em proprietários de canais de rádio.

Tal prática não cessou, mesmo no período de transição e no regime democrático. Em *Rádio palanque* (Mil Palavras, 1998), Sônia Virgínia Moreira calcula:

> No total, a administração Sarney distribuiu 1.028 concessões de emissoras de rádio e de televisão – 30,9% dos canais existentes na época. Em apenas um mandato José Sarney assinou um número de concessões superado apenas pela soma das permissões autorizadas por todos os presidentes brasileiros entre 1934 e 1979: ao longo de 45 anos haviam sido outorgados 1.483 canais de rádio e TV, ou 44,5% das emissoras que estavam no ar em 1989.

PALANQUE ELETRÔNICO

Abertas as urnas em 1992, fui escalado como repórter pela TV Cultura para traçar o perfil do vereador mais votado em São Paulo, afinal os números mostravam o surgimento de um novo fenômeno eleitoral.

Local da entrevista: rua das Palmeiras, 315, bairro de Santa Cecília. Sede do Sistema Globo de Rádio. Gabinete informal de campanha do radialista Nelo Rodolfo. Dali ele abocanhou parte dos 40.167 votos pelo PMDB – diga-se de passagem, parte dos eleitores com que conversei não sabia qual partido ele representava. O nome, ainda desconhecido do noticiário político, era famoso entre os ouvintes que transformavam seu programa em uma das maiores audiências do rádio paulista.

No Rio Grande do Sul, outro radialista iria despontar na eleição seguinte, em 1994. A audiência de Sérgio Zambiasi, da Rádio Farroupilha, do grupo de comunicação RBS, podia ser medida pelo tamanho da fila em frente à emissora na avenida João Pessoa, região central de Porto Alegre. Gente em busca de emprego, dinheiro, dentadura, muleta ou cadeira de rodas. O programa *Comando Maior* acumulava mais de 158 mil ouvintes por minuto que, convertidos em votos, chegaram a 298.024, quantidade jamais alcançada por outro candidato à Assembleia Legislativa do Rio Grande do Sul.

Sérgio Zambiasi e Nelo Rodolfo foram exemplos do modelo de político criado a partir da década de 1980, quando a relação da política com o rádio se evidenciava por dois caminhos. O primeiro, abordado no capítulo anterior, explica como a concessão pública era repassada aos amigos do poder, e há, inclusive, quem defenda que esses são os verdadeiros donos da voz. O segundo caminho foi marcado pela candidatura dos apresentadores de programas populares e assistencialistas. Nos dois casos, um só objetivo: o uso da persuasão do rádio para benefício próprio e dos grupos por eles representados.

Mais uma vez, vou me valer de dados divulgados pela professora Sônia Virgínia Moreira, no livro *Rádio palanque*. Com base em informe técnico do Ministério das Comunicações, de 1998, o empresário e ex-deputado federal Sérgio Naya possuía emissoras em Cataguases, Muriaé, Leopoldina e Santos Dumont, na Zona da Mata – região onde, "por coincidência", foi o deputado mais votado. Estava presente, também, no Triângulo Mineiro, onde era dono das rádios Cacique FM, Uberaba e Cidade AM. Sob seu guarda-chuva havia, ainda, emissoras em Brasópolis e Três Pontas, no sul de Minas. Em 1991, teria recebido a concessão para explorar um canal de rádio na cidade mineira de Formigas, enquanto participava do governo Fernando Collor.

Para refrescar a memória: Sérgio Naya era dono da construtora Sersan, responsável pela construção do edifício Palace 2, na Barra da Tijuca, Rio de Janeiro, que desabou no Carnaval de 1998. A mesma pessoa que, em uma festa de fim de ano em um hotel de Miami, depois de ser responsável pela desgraça alheia, foi flagrado por uma câmera de vídeo dizendo que o copo em que lhe serviam champanhe era de pobre. Assunto do qual ele entendia bem. Boa parte dos ouvintes de suas emissoras era de classe humilde, gente que acredita na "palavra amiga" dos comunicadores, profissionais em criar vínculo afetivo com o público e com hablidade para orientar massas urbanas, como se fossem cães-guia de cegos, expressão utilizada por Eduardo Meditsch.

O presidente Fernando Collor, apreciador do que é público – ao modo dele, claro –, viu-se em meio a denúncias de beneficiar o empresário PC Farias em um esquema que envolveria catorze emissoras de rádio. O deputado federal Augusto Farias, irmão do tesoureiro da campanha à presidência de Collor, estaria entre os contemplados com os canais, segundo acusação de Pedro Collor, irmão do presidente. Tudo em família, como se pode notar.

USE CAMISINHA

Conflitos éticos surgem sempre que rádio e política se misturam. Para não ser vítima dessa relação muitas vezes promíscua cabe aos jornalistas se prevenirem. Existem diferentes modelos de "camisinha" no mercado que podem ser usados de acordo com a situação a ser enfrentada. São códigos de conduta que não precisam ser registrados em cartório nem ser assumidos formalmente pela emissora, mas que devem nortear a ação do profissional.

No período de eleição, o relacionamento se torna mais sensível e a atenção tem de ser redobrada. O assédio de políticos e assessores, muitos se apresentando como "amigos da casa", aumenta consideravelmente. Aparecem pautas e personagens, algumas vezes protegidas pelo nome de organizações não governamentais, se oferecendo para reportagens. Estão cientes de que uma entrevista com o carimbo de "interesse jornalístico" tem mais credibilidade do que a promessa feita no horário eleitoral.

Em 1997, um ano antes da eleição para presidente, senador, governador e deputados estadual e federal, o Sistema Globo de Rádio criou um manual de princípios e condutas que se transformou em lei, a partir do momento em que a organização veiculou um editorial em todas as emissoras do grupo, mesmo nas que não tinham tradição jornalística. O manual reúne doze regras em defesa da isenção e da honestidade na cobertura eleitoral:

• Âncoras, repórteres, narradores e comunicadores não devem fazer comentários que possam influenciar a opinião pública quando noticiarem fatos políticos, eventos de campanha e pesquisas. Esses profissionais não podem se envolver pessoalmente, direta ou indiretamente, com qualquer esforço de candidatura;
• Não teremos repórteres setoristas de partidos ou candidatos;
• Profissionais do Sistema Globo de Rádio não podem viajar a convite de partidos ou candidatos. Quando o profissional for escalado para a cobertura, todas as despesas correrão por conta da empresa;
• Na cobertura de comícios, passeatas, *shows* e eventos só podemos divulgar estimativas sobre a presença de público atribuídas aos organizadores em conjunto com uma fonte independente, como a Polícia Militar, por exemplo;
• É proibido ceder, para candidatos ou partidos, material gravado pelo Sistema Globo de Rádio;
• Terão que deixar a empresa funcionários que trabalharem para governos, políticos, partidos ou candidatos. Os executivos da empresa poderão tirar licença sem remuneração para se candidatar. Caso sejam eleitos, terão que se desligar da empresa;
• Jornalistas, radialistas, âncoras, comunicadores, narradores e comentaristas apontados como pré-candidatos pela imprensa ou qualquer outra fonte terão que esclarecer formalmente sua situação junto à direção do Sistema Globo de Rádio. Se confirmarem a informação, terão que se desligar da empresa. Caso neguem, terão que enviar carta desmentindo a informação ao responsável pela divulgação, com cópia à direção da empresa;

- Os funcionários que se desligarem para trabalhar em campanhas políticas não poderão voltar ao trabalho na empresa antes do prazo estipulado pela direção;
- Os funcionários do Sistema Globo de Rádio não poderão ter sua imagem identificada com políticos ou partidos;
- No período eleitoral, candidatos não podem ter espaço em debates ou entrevistas que não tenham a eleição como assunto primordial. E mesmo fora desse período os políticos não podem ter lugar cativo na programação. É permitida a participação eventual, desde que haja rodízios entre políticos de diferentes partidos e tendências;
- A empresa não permitirá que comunicadores, âncoras, narradores e repórteres façam referências que possam ser interpretadas como apoio ou declaração de voto a qualquer candidato ou partido;
- Estão proibidas citações do tipo "É o time de fulano de tal" ou "Um abraço para beltrano que está nos ouvindo agora".

Ao divulgar essas normas, a empresa e seus funcionários assumem compromisso com o público, que se torna fiscal dessa conduta. Ao mesmo tempo em que o jornalista se expõe, transmite a imagem de que exerce seu trabalho de maneira transparente, e tende a conquistar a confiança do ouvinte.

QUESTÃO DE FÉ

Sintonizar o rádio no AM 940 tornou-se hábito para o carioca bem informado. Pela JB do Rio muita gente soube dos fatos marcantes dos anos 60 e 70 e acompanhou debates com a participação das diferentes correntes de pensamento. Conforme conversamos em capítulos anteriores, a emissora tinha como prioridade a informação, formando a ideia de jornalismo em tempo integral, no início dos anos 80. Ainda havia espaço para a música. Os mais entusiasmados costumavam dizer que essa recebia tratamento tão refinado quanto a notícia. Muitos identificaram na experiência o modelo americano de radiojornalismo. O tempo mostrou as diferenças, mesmo assim a JB manteve a marca.

Certo dia, após a crise bater à porta dos estúdios da emissora, o locutor que pressionava o político foi substituído por uma voz rouca que questionava a razão da vida. O repórter que cobria incêndios, engarrafamentos e os acontecimentos, deu lugar ao pastor que prometia uma passagem para a eternidade. Os ouvintes não interessavam mais, a rádio precisava de fiéis. Da igreja que assumiu o comando da programação, em 1992, à entrega para a Legião da Boa Vontade, de José de Paiva Neto, tudo foi muito rápido. Restou pouco da histórica JB, agora Brasil AM.

Esse processo reflete bem o cenário do rádio brasileiro em que igrejas, seitas e grupos religiosos passaram a dividir a preferência das concessões governamentais com os políticos. Se nos anos 70 a pregação eletrônica começou com a compra de espaços da programação radiofônica, nos anos 80 consagrou-se com a partilha das concessões entre políticos.

As mensagens disparadas durante a programação extrapolam a pregação da palavra de Deus. Entre pedidos de oração e paz, surgem convites para ajuda financeira. Logo após a conquista do fiel, vem o pedido de voto. Pastores e "irmãos", depois de ocuparem a sintonia do rádio – e da televisão, também –, conquistaram cadeiras nos legislativos. Números de 2004 mostram que a bancada evangélica na Câmara chega a 55 deputados federais. A Igreja Universal do Reino de Deus elegeu seu primeiro senador, Marcelo Crivela, enquanto o Rio de Janeiro tem, pelo segundo mandato consecutivo, o executivo estadual sob o comando dos evangélicos, ali representados pela família Garotinho, craque no uso da palavra pelo rádio.

Na campanha para a presidência da República em 2001, de acordo com a revista *Carta Capital,* o candidato Anthony Garotinho, na época governador fluminense, tinha sua mensagem distribuída para 58 emissoras, em 16 estados, através do programa *A paz do governador,* produzido pela Rádio Melodia. Segundo a reportagem, o espaço na programação da emissora custava 40 mil reais, investidos com o objetivo de atingir a população de evangélicos, que beira trinta milhões de pessoas no Brasil. O governador jamais aceitou a acusação, mas nunca negou a importância do trabalho evangélico realizado por ele na conquista de novos fiéis eleitores.

Jornalista tem de combater preconceitos, por isso muita atenção ao usar a expressão "evangélico". Tome o mesmo cuidado quando se referir a muçulmanos. Só identifique a religião se essa informação for imprescindível. Lembre-se: evangélicos são os que fazem parte de um grupo religioso, não ligado ao protestantismo histórico, que afirmam seguir os Evangelhos com rigor e fidelidade. Não confunda uma igreja evangélica com seita religiosa, essa expressão tem caráter pejorativo. Ao se referir à religião católica, não diga simplesmente a Igreja. A Universal, a Quadrangular, a Batista e tantas outras, também são Igrejas.

A participação religiosa no rádio brasileiro tem afastado grupos interessados em investir em conteúdo jornalístico. Ao aceitarem pagar valores acima do mercado, pois o objetivo não é comercial – obtém dinheiro por outros caminhos –, as Igrejas tornam financeiramente inviável qualquer investimento em uma rede de radiojornalismo. Um pecado.

CATÓLICOS EM REDE

O crescimento dos evangélicos e das seitas religiosas trouxe a Igreja Católica de volta para o rádio. Desde o fim da década de 1960, as emissoras alinhadas com o Vaticano enfrentavam um processo de sucateamento proporcionado pela falta de estrutura comercial que impedia melhorias no quadro de funcionários e do equipamento técnico. Além disso, foram alvo do regime militar, assim como todas as demais rádios que não rezavam de acordo com o capelão da vez.

As rádios católicas surgiram a partir dos anos 40, consideradas indispensáveis à ação pastoral, e sempre foi a mídia mais explorada pelos religiosos, apesar das dificuldades enfrentadas a partir da década de 1970. Um levantamento do setor de comunicação da Conferência Nacional dos Bispos do Brasil aponta que 58% das dioceses possuem emissoras.

A Igreja Católica influencia fortemente a programação radiofônica no país. Rádios não identificadas como católicas também abrem espaço para preces e mensagens religiosas. É comum sintonizarmos nas emissoras *A Hora da Ave Maria*. A origem dessa relação é explicada pela professora Cida Golin, do Departamento de Comunicação da Universidade de Caxias do Sul, no trabalho *Rádio e sino: a hora do Angelus*:

> No caso do Brasil, a consagração de Nossa Senhora como padroeira ocorre justamente nos anos 30, época de fortalecimento do Estado e início da popularização do rádio, veículo que irá se engajar no projeto de construção e transmissão do sentimento de nacionalidade. Nada mais natural, portanto, que a evocação à mais emblemática figura feminina tenha tido seu horário assegurado no veículo que amalgamou idiossincrasias regionais.

A reação ao avanço evangélico foi marcada pela criação da Rede Católica de Rádio na década de 1990, reunindo, hoje, 191 emissoras, de acordo com informação divulgada na internet pela própria entidade. Um levantamento de 1994, da *Folha de S. Paulo*, apontava a existência de 181 emissoras nas mãos dos católicos, superando em quantidade as rádios ligadas às Igrejas Batista, Universal do Reino de Deus, Adventistas do Sétimo Dia, Assembleia de Deus, Renascer em Cristo e Evangelho Quadrangular.

Católicas ou evangélicas, as rádios religiosas também se orientam por segmentação própria. Algumas usam o microfone como campanário e têm no estúdio o altar para a pregação da palavra. Outras exploram a música como forma de catequizar; e há aquelas que dão à programação orientação jornalística.

O radiojornalismo em emissoras de cunho religioso corre risco constante. Existem conflitos éticos na divulgação da informação. Uma campanha de combate à aids que distribui preservativos aos jovens nas escolas contradiz princípios defendidos pelo Vaticano. Qual deve ser o comportamento do apresentador evangélico no debate sobre o aborto de bebês com anencefalia? E quando o tema em debate for casamento de pessoas do mesmo sexo?

É preciso ficar claro que mesmo em emissoras com programação jornalística a ação pastoral é estratégica, com a intenção de interferir no cotidiano dos fiéis ouvintes. Ser uma rádio religiosa, porém, não impede que haja independência e isenção no departamento de jornalismo – essa é nossa profissão de fé. Amém.

LEVANTE AS MÃOS PARA O CÉU

Você deve estar pensando em correr para igreja mais próxima e se converter. Afinal, somadas as emissoras evangélicas, católicas e "tico-tico no fubá", devem sobrar poucas em que o jornalismo é a própria religião. Não se desespere, pegue o radinho de pilha e comece a sintonizar as estações. Entre "rogai por nós", "Jesus salva" e "não esqueçam do dízimo", você vai ouvir emissoras com programação jornalística. Às vezes, mais populares; outras, nem tanto. Nem sempre do jeito que a gente gostaria que fosse. Pense, porém, que se estão no ar é porque têm profissionais por trás delas. Até hoje ninguém conseguiu fazer radiojornalismo sem jornalista – não me refiro, necessariamente, àqueles que têm diploma.

As redações encolheram, mas não foi apenas no rádio. As funções se multiplicaram e os profissionais tornaram-se polivalentes. Ninguém mais é redator, apenas. Ou editor. Ou produtor. Ou repórter. Ou âncora. Todos fazem de tudo. E farão muito mais daqui para a frente. Se não estiver gostando desse papo, pense no colega da televisão que dirige o carro, leva o equipamento, carrega o tripé, prepara a luz, ajusta o áudio e vai para frente da câmera gravar o boletim. E não pode esquecer de retocar a maquiagem e pentear o cabelo.

Incrédulos e crentes levantem as mãos para o céu. A política, a religião e a televisão não foram suficientes para acabar com o rádio. Hoje, existem cerca de 3.640 emissoras cobrindo o território nacional. Segundo dados do Grupo de Mídia/IBGE 86,9% dos domicílios possuem aparelhos e 99,9% dos brasileiros ouvem rádio. E acreditam no que escutam, como apontou o Ibope em pesquisa recente. O índice de credibilidade do rádio só é inferior ao da Igreja Católica; está sete posições à frente do jornal impresso e 17 adiante da televisão.

A agência de propaganda Propeg também realizou pesquisas em todo o Brasil, revelando a enorme aceitação do rádio. Dos 1.700 entrevistados, 75% estão satisfeitos com o veículo. O índice baixa para 54% quando o tema é a televisão.

O jornalismo tem papel importante nesse cenário. Fez do veículo a principal fonte de informação de boa parte dos brasileiros. Ao pesquisar os hábitos dos consumidores em onze regiões metropolitanas, em

2003, o Ibope verificou que 45% dos ouvintes paulistanos procuram informação no rádio. É o maior índice entre os motivos que levam as pessoas a sintonizar a estação preferida. Tem quem ligue, também, para se entreter (37%), se distrair (34%), passar o tempo (13%) ou ter uma companhia (12%). Você conhece algum carro que não tenha rádio? São exceções. O aparelho está em 83% da frota nacional, conduz motoristas pelas cidades e os mantém informados sobre os principais fatos do dia. A audiência do rádio nos carros vem aumentando nos últimos cinco anos, nos Estados Unidos. Atualmente, representa 34% do total de ouvintes americanos, segundo estudo desenvolvido pela Arbitron e Edison Media Research. Logo cedo, é pelo rádio que essas pessoas tomam conhecimento do que é ou será notícia. À tarde, cai o índice de ouvintes em busca de informação. Preferem relaxar ouvindo música – no rádio.

No Brasil, é também na programação matutina que se encontra o horário nobre do rádio. Ao contrário da televisão, cujo pico de audiência ocorre entre oito e dez horas da noite, no rádio os maiores índices são dos programas que vão ao ar das seis às dez da manhã, coincidindo com os picos de congestionamento nas cidades.

> No rádio, não se escreve nem se fala "vinte horas". Traduza para oito horas da noite, três horas da tarde, onze da manhã. E diga meio-dia e meia, assim como você diz uma e meia ou duas e meia da tarde.

Ter o motorista refém em um engarrafamento não é garantia de audiência. Não esqueça da conspiração, denunciada em capítulo anterior, da qual fazem parte todos os outros sinais ao redor: luminosos, pedestres, alto-falantes etc. Atenção, também, à diversidade de público que nos ouve no carro. Ao mesmo tempo, falamos com o motorista de táxi e com o empresário transportado por ele. Aliás, esse, é um dos desafios do rádio: atender à demanda de diferentes segmentos da sociedade.

Emissoras como a CBN têm foco no público masculino, a partir de 35 anos, das classes A/B, que concentra a maior audiência da emissora.

Entretanto, a quantidade de mensagens eletrônicas e de ligações telefônicas recebidas durante a programação, vindas de pessoas com perfil totalmente diferente, reafirma a necessidade de se falar, sempre, de maneira simples, clara e objetiva. Não confunda com discurso pobre, frágil e rasteiro.

> Ser simples, claro e objetivo é usar linguagem coloquial, sem vulgaridade. É falar e escrever de forma que o ouvinte entenda de imediato. Exemplos: dizer causa da morte em lugar de *causa mortis*; trocar genitora por mãe; lograr êxito por ter êxito, vítima fatal por morto; e anuência por aprovação. Mesmo expressões usadas com frequência podem ser simplificadas. É o caso de reforma tributária que pode ser traduzida por mudanças nos impostos.

Outra característica da audiência, revelada em pesquisas de comportamento, é a alta rotatividade. O público do rádio se renova a cada quinze minutos. Muito provavelmente quem acompanha a primeira parte de uma entrevista não ouve a segunda, e quem ouve o fim não acompanhou o início.

Em plena crise política na prefeitura de São Paulo, em 2000, fui alvo da crítica de um ouvinte que, por mensagem eletrônica, me acusou de proteger o prefeito Celso Pitta, afastado do cargo por decisão judicial no dia anterior. Ele reclamava que, ao não tratar do assunto, um programa com a proposta de discutir os temas da cidade demonstrava querer preservar a imagem do prefeito. Nesse mesmo dia, o CBN São Paulo havia dedicado boa parte do tempo à notícia, com participação de repórteres, entrevistados e comentaristas. O ouvinte foi injusto no puxão de orelha? Não. Ele ligou o rádio e ouviu o programa por cerca de vinte minutos. Durante esse período o afastamento do prefeito não foi citado. A bronca estava coberta de razão. Aquela edição não havia atendido à expectativa dele.

Dessa história tem-se várias lições. Primeira: o ouvinte costuma julgar o todo pela parte. Com base em apenas um segmento do programa, uma entrevista ou um comentário, ele constrói a imagem do jornalista e da rádio. Portanto, não basta um bom redator, um repórter de qualidade ou um âncora famoso. A emissora é resultado do trabalho de equipe, com cada um assumindo responsabilidades e desempenhando sua função da melhor maneira possível.

Segunda: quem sintoniza uma rádio comprometida com a informação quer saber o que acontece de mais importante naquele exato momento. O quadro tende a se agravar à medida em que a busca de notícias pela internet se torna comum. O ouvinte pretende "acessar" a informação no rádio com a mesma facilidade encontrada em um portal de notícias. Nesse contexto, estar atento às demandas da audiência se torna fundamental, sem perder de vista a ideia de que fatos interessantes ao público nem sempre são de interesse público. Estes últimos devem prevalecer sobre os demais.

Terceira: a constatação de que o rádio tem audiência rotativa, obrigando o jornalista a ser redundante, sem ser repetitivo. Sempre que uma entrevista se prolongar, procure situar o ouvinte resumindo em uma ou duas frases o tema que está sendo tratado. Relembre o nome e o cargo do entrevistado. Repita a estratégia ao fim da conversa.

> Cuidado: redundância, nesse caso, não se refere ao uso de expressões como "abrir novas vagas de emprego", "planejamento antecipado" ou "surpresas inesperadas". Estes são erros e, portanto, devem ser evitados.

Assuntos que são destaque no noticiário devem ser retomados no decorrer do programa com abordagem diferente, seja em entrevista, reportagem, nota ao vivo ou mesmo a partir da leitura da mensagem de um ouvinte. As sínteses noticiosas com o resumo da última meia hora é estratégia sempre adotada com resultado positivo.

Atento às características da audiência e ao potencial de comunicação do veículo, verifica-se, ainda, que o rádio está voltado às novas necessidades do público. A sociedade exerce cada vez mais atividades em menos tempo. O número de pessoas em casa diminuiu. As mulheres abandonaram definitivamente o papel de "Amélia". Nunca tantos jovens estudaram tanto. Os computadores de mão e o acesso facilitado à internet levam o cidadão a se manter conectado mais tempo hoje do que ontem. O espaço na agenda reservado ao consumo da mídia é menor. Assistir à televisão e ler os jornais deixam de ser prioridade.

A pessoa envolvida nesse ritmo frenético encontra no rádio o veículo adaptado ao momento, pois lhe permite manter-se informado ao longo do dia, sem tirar a atenção das demais atividades.

O velho e desconhecido rádio, quem diria, vai se transformar na mídia da vida moderna.

CAPÍTULO III

Rádio moderno

DO POSTE AO COMPUTADOR

Lá de longe se ouve o som esganiçado do alto-falante instalado na torre da Igreja Sagrado Coração de Jesus, ponto de encontro dos rapazes e moçoilas do bairro de Higienópolis, na zona norte de Porto Alegre, no início dos anos 50. Naquela época, de uma cidade ainda pequena, em que o bonde corria nos trilhos, os jovens subiam a colina para namorar nas festas do padre João Mascarello. As dedicatórias e mensagens de amor interpretadas pelo locutor oficial da rádio Voz Alegre da Colina rasgavam os ouvidos apaixonados na Rua Manoel Py, desciam pela 16 de Julho e aterrissavam lá embaixo na Benjamin Constant.

Dos alto-falantes dos postes surgiram muitos locutores famosos. Assumiam o microfone na quermesse ou na festinha de fim de semana imaginando que um dia apareceria a oportunidade na emissora da região, de onde transmitiriam seu talento para o mundo. Podia ser um mundo pequeno, com fronteiras limitadas pelas ondas médias da rádio; um pouco maior, se as ondas curtas permitissem; mas nunca o mundo todo.

Vivia-se uma outra época, na qual as perspectivas não iam muito além da imaginação. Não se chegava ao absurdo de Charles Duell, diretor do departamento de patentes dos Estados Unidos, que falou, em 1899: "tudo o que podia ser inventado já o foi".

Reconhecia-se a capacidade criativa do homem, afinal o rádio já concorria com a televisão naquele meio de século. Mas nenhum dos locutores que passaram pela radioposte poderia imaginar que um dia haveria tecnologia suficiente para levar o mesmo som do alto da colina para qualquer ponto do planeta. Uma via não concebida mesmo por aqueles que estudavam os veículos de comunicação por volta de 1950.

Antes disso, os locutores se surpreenderam com as possibilidades abertas pelo transistor, equipamento que transformou o receptor de rádio, reduziu seu tamanho e amplificou sua capacidade, mudando forma e conteúdo da mensagem. O rádio deixou de ser um móvel dentro de casa para tornar-se companheiro onde o ouvinte estivesse.

Hoje, a mesma voz que embalava os amantes consagrados na Igreja de Higienópolis – ou em qualquer outra – sai dos transmissores, mais bem treinada e experiente, para ganhar o mundo pelas ondas da internet. As jovens da festinha da Igreja podem matar a saudade do locutor sem ter ao lado algo que convencionamos chamar de aparelho de rádio. O apresentador com quem você simpatiza, o programa que fala da sua cidade natal e a emissora de sua preferência estão a um clique do *mouse*.

O rádio caiu na rede mundial de computadores, definitivamente, e de lá não sai mais. Não vai sumir, como muitos imaginavam. Vai evoluir. Nesse momento, é o veículo que mais se beneficiou da internet. Aumentou o alcance e proporciona facilidades, à medida que o som "baixa" com maior rapidez se comparado à imagem, além de não exigir a atenção do internauta que, enquanto ouve o programa, pode continuar navegando.

No Brasil, a maior parte dos internautas é do sexo masculino, com mais de 25 anos e alto nível de escolaridade. Ainda representam percentagem pequena da população, mas fazem grande uso da rede. Os 12,02 milhões de usuários ativos brasileiros navegam mais que os americanos, segundo os dados do painel Ibope/NetRatings de agosto de 2004. Dos que têm acesso à internet, mais de um terço usam a banda larga.

> Se você escrever "12,02 milhões de usuários" em um texto para rádio, o locutor vai ler "12 vírgula zero dois milhões de usuários" e vai complicar a vida do ouvinte. Por isso prefira "12 milhões e 20 mil usuários" ou "cerca de 12 milhões de usuários". Em relação aos números, não abuse. No mesmo texto, um é ótimo, dois é bom, três é demais. Portanto, eleja apenas o mais importante.

Com as possibilidades abertas pela *web*, a emissora pode ser "sintonizada" sem cerimônia nem chiados por qualquer "ouvinte" que tenha a internet ao alcance. Segundo o Ibope/NetRating, em dados divulgados no primeiro semestre de 2004, 46,88% dos internautas buscam notícias e informações e a maioria cultiva o hábito de ouvir rádio.

Pode ser na máquina que está sobre a mesa de escritório, com CPU, monitor e teclado. Imóvel como no passado, lembraria o cético. Se fosse só isso, já seria melhor do que o velho rádio em ondas médias e curtas, difíceis de serem captadas, e de alcance limitado.

Pode ser no *notebook* com conexão sem fio à internet. Equipamento ainda sofisticado e caro, além de grande, se comparado com o rádio de pilha, contrapõe o descrente.

Imagine, então, ouvir rádio no celular, o mesmo que céticos, descrentes e mais 52 milhões e 500 mil brasileiros carregam no bolso. Pelo aparelho você transmite mensagens por voz ou dados, também recebe informação no canal de áudio. No visor, aparecem a imagem e o texto do que você está ouvindo.

Não há limites, como adiantou Bill Gates, em 1995, ao prever uma espécie de carteira computadorizada na qual você carrega todos os documentos, cartões de crédito e débito, dinheiro eletrônico, fotografias da família e jogos preferidos. Além disso, ainda informa o horário, envia e rebebe mensagens por correspondência eletrônica, acessa informações sobre meteorologia, ações da Bolsa e situação do trânsito.

Gates batizou o equipamento de *wallet PC* que, ao reproduzir o áudio de um programa jornalístico, pode também ser chamado de rádio.

NOVA INTERAÇÃO

O estudante de jornalismo que se prepara para trabalhar em rádio está atrasado. Perde tempo e dinheiro. O veículo estudado a partir das ondas hertzianas, dos aparelhos de transistor, construído por Landell de Moura e Roquette-Pinto, no qual o som é prioridade, já é passado. O rádio sempre vai existir – até que provem o contrário –, mas com outro formato. Já estamos sob o impacto das mudanças proporcionadas pela internet.

Reportagens não precisam mais ser transmitidas por linha telefônica, estão comprimidas em arquivos que trafegam na intranet. A edição digital torna o trabalho mais rápido. Da rua, portando um *notebook*, o próprio repórter é capaz de escrever a matéria, escolher o trecho das entrevistas que irá ao ar, gravar o texto e, conectado na rede, gerar para a emissora a reportagem editada.

No estúdio, o computador, ao lado da mesa de som, está com as vinhetas, chamadas, comerciais e programas gravados prontos para entrar na hora agendada. O apresentador lê as laudas – por força do hábito, porque estas também deixam de existir – direto da tela, onde encontra textos produzidos pela redação, cabeças de reportagens redigidas pelo editor ou pelo repórter, além do acesso às agências de notícias, portais de conteúdo e toda sorte de material disponível na internet.

> Matéria, palavra usada dois parágrafos acima, é jargão jornalístico, muito conhecido nas redações, mas com pouco sentido para o público. Por isso, prefira descrever o resultado do trabalho de um repórter publicado nos meios de comunicação como reportagem, expressão consagrada e de fácil compreensão.

O rádio, interativo de nascença, fortalece a relação com o público. O âncora apresenta o programa diante do correio eletrônico, aberto às mensagens e interferências dos ouvintes, quase que imediatas. A entrevista mal começa e já chega a primeira pergunta do ouvinte. O entrevistado escorrega, e vem a crítica. O apresentador se engana, e a correção aparece. E assim, internauta ou ouvinte, conectado à internet, transforma-se em protagonista.

Pouco antes das eleições de 2001, a Câmara Municipal de São Paulo estava em polvorosa. Era alvo de uma série de denúncias de corrupção, estampadas na mídia. Um vereador, em entrevista ao vivo, garantiu inocência em ato irregular de contratação de afiliados políticos em uma subprefeitura, na qual ele jamais teria "colocado os pés", conforme disse com todas as palavras. A entrevista não havia se encerrado e chegou uma mensagem eletrônica, assinada por um eleitor que morava na região e dizia ter visto e fotografado o vereador em cerimônia na sede da subprefeitura. Levada a informação ao ar, não restou alternativa para o entrevistado se não desmentir o que havia dito.

O jornalista Mário Rosa, em *A síndrome de Aquiles* (Gente, 2001), fala de cuidados a serem tomados durante a crise de imagem de uma corporação ou de um cidadão. Ele reproduz frase repetida por um consultor toda vez que encontra um cliente pela primeira vez:

Você não precisa me falar a verdade, mas saiba que não pode, de jeito nenhum, contar uma mentira. Por mentira, entenda tudo aquilo que daqui a dez dias, duas semanas, um ou dois meses vai ficar comprovado que não era verdade.

Com a agilidade e a interação proporcionadas pela internet, me atrevo a acrescentar à frase acima: "comprovado ser falsa no *bit* seguinte".

CADÊ VOCÊ?

A internet abduziu os veículos impressos, tomou o rádio e começa a consumir a televisão. Na convergência as mídias não desaparecem, somam-se e impõem desafios ao jornalista. Uma rádio não é apenas uma rádio. Na rede, o internauta busca texto, foto e imagem. E tudo tem de estar acessível. Radialista e ascensorista não apenas rimam como devem ter a mesma finalidade. Alguém precisa de ascensorista para usar o elevador? Bastará ser radialista, se o rádio deixa de ser apenas o som? O computador mexeu com a vida dos dois, que precisam encontrar novos mercados.

Enquanto você pensa qual sua função nessa revolução digital, tecle "www, ponto, qualquer rádio, ponto, com, ponto, br" e enxergue a realidade que se constrói virtualmente.

A sua emissora preferida pode ser lida. Na página, a reportagem completa que você perdeu agora há pouco, está em forma de texto com canais de acesso para você navegar na rede e pesquisar temas relacionados. Assuntos que não podem esperar o fim do debate que está no ar caem na tela sob o título de "últimas notícias". E se já estão por lá, porque o locutor vai perder tempo em reproduzi-las mais tarde? É sua função avançar, explicar e formar, verbo que se sobrepõe ao informar. O apresentador deixa de ser um leitor de notícias, precisa ter visão histórica dos acontecimentos, capacidade de analisar as origens e consequências dos fatos.

A sua emissora preferida também pode ser vista. As *webcams* revelam o apresentador, o entrevistado, mostram em plano geral o estúdio e passeiam pelos corredores e redação. E se a rádio abre essas possibilidades porque o ouvinte não tem o direito de assistir ao confronto de camelôs e policiais, narrado pelo repórter naquele momento? Ao oferecer recursos, a tecnologia cria novas demandas. O que jamais foi preciso passa a ser necessário para o usuário, e torna-se obrigação para quem fornece.

E você, vai continuar pensando o rádio com as ideias dos seus antigos professores de jornalismo? Aprendendo a produzir programas radiofônicos sem levar em consideração a exigência dos novos ouvintes internautas? Orientando-se pelas cartilhas que teimam recomendar nas faculdades? Vai seguir sentado no banquinho, ouvindo rádio de pilha, levando gente para cima e para baixo no elevador?

DE OLHO NO RÁDIO

Ouvintes da Rádio Guaíba, de Porto Alegre, já se acostumaram a dar uma esticada até além da praça da Alfândega, no centro da capital gaúcha, para assistir à emissora. Na esquina da rua da Praia, a mais tradicional da cidade, os principais programas – em especial os de debates – são apresentados no Estúdio Cristal, montado no andar térreo do prédio da Companhia Jornalística Caldas Júnior, no passado, uma das mais influentes no sul do país. Dentro, os debatedores sentam-se à uma grande mesa em forma de ferradura, diante de computadores. Do lado de fora, atrás de uma vitrine, ouvintes acompanham, ao vivo, às discussões. Às vezes aplaudem, outras, vaiam, sempre interagindo com o tema.

À medida que mais ouvintes se interessaram em assistir à emissora, principalmente aqueles que não moram em Porto Alegre, surgiu uma nova demanda. Para atender a essa necessidade foi instalada uma câmera de vídeo conectada à internet e disponível na página da rádio. Em pouco tempo, a curiosidade chegou aos outros estúdios da Guaíba, pois muitos programas não eram apresentados no Cristal. Mais uma câmera foi ligada e assim fez-se a rádio com imagem.

Se hoje assistir à Rádio Guaíba na internet é apenas uma curiosidade, logo o internauta vai querer mais. No debate de segunda-feira sobre o Gre-Nal de domingo, vai cobrar a imagem dos gols gravados pela TV Guaíba, canal de televisão do mesmo grupo jornalístico. A nova tecnologia proporcionará novas necessidades e levará o jornalista de rádio a mudar a forma de agir. A alterar não apenas o conteúdo do que apresenta, mas também a forma como apresenta. No Espírito Santo, o programa CBN Vitória, da rádio CBN, é assistido no canal 5. Ao zapear pelo cabo, o telespectador encontra a GTV, do grupo Gazeta, e, a partir das 9h30, assiste à âncora Fernanda Queiroz entrevistar personalidades. Enquanto ela fala, do lado direito da tela aparecem informações sobre meteorologia, e também os principais índices da economia. Na parte inferior, correm letreiros com as últimas notícias nacionais e internacionais. Afinal, o que o telespectador assiste é televisão, rádio ou jornal? A âncora conversa com ouvintes, telespectadores ou assinantes? Poderiam ser internautas, mas para não confundir a cabeça de ninguém basta entendê-los como consumidores de informação.

CBN-Vitória e a Guaíba talvez não tenham sido as primeiras a adotar esse sistema, nem sejam as mais avançadas, mas são exemplos de emissoras que começaram a explorar recursos que vão muito além do som. As experiências ainda são recentes, porém, em breve, vão influenciar o comportamento do âncora durante a apresentação. O estúdio deve ganhar cenário e iluminação apropriados. O apresentador pode ficar em pé em vez de se esconder atrás de uma mesa. O microfone vai diminuir de tamanho, deixará o pedestal para ser fixado na lapela ou em volta da cabeça, no estilo *headset*. A roupa deverá ser apropriada para o vídeo. Não esqueça da maquiagem.

Não se preocupe se alguém alegar que esse novo modelo acabará com a naturalidade apregoada à apresentação no rádio. Nunca somos naturais diante do microfone. Jamais agimos da mesma maneira que na vida privada. Nem devemos. Para falar ao público, cumpre-se um ritual que dá sentido ao discurso, torna a comunicação eficaz e procura seduzir. Se alguém parece ser natural, isso é obra do exercício diário da profissão. Assim como um ator que ensaia muito antes de subir ao palco, o jornalista de rádio também usa recursos artificiais para representar um personagem que, às vezes, se parece muito com ele. Aliás, quanto mais parecido for melhor será o resultado.

Com recursos cenográficos à volta, em um estúdio supostamente de rádio, o jornalista terá a obrigação de desenvolver ferramentas que façam sua apresentação parecer tão espontânea quanto hoje.

PÉ NO CHÃO E TRANSISTOR NO OUVIDO

A rádio anuncia: "Atenção doadores de sangue, a Associação de Doadores da região de Canoinhas está precisando de vinte doadores". Na casa simples, onde mora Tassiane, o som é emitido por um pequeno aparelho, encostado na parede de madeira. Em seguida, aparece o agricultor Gilmar, em meio à plantação, aproximando o ouvido do transistor que descansa em cima de um banquinho. Na terceira cena mais um personagem e seu aparelho reproduzindo a convocação para os moradores de uma pequena cidade do Paraná.

As imagens fazem parte da reportagem apresentada pelo *Jornal Nacional*, da TV Globo, que conta como Oreste Golanowski, de 65 anos, após assistir à morte de uma mulher por hemorragia, transformou o município em uma espécie de capital nacional de doadores de sangue. O chamado pelo rádio é a maneira mais eficaz para convocar voluntários, que chegam a 5% dos moradores de Canoinhas, quase o dobro do índice recomendado pela Organização Mundial da Saúde.

Ao norte do país, um telefonema para a emissora de rádio da região salvou a vida dos moradores de Alagoa Nova, Alagoa Grande, Camará, Mulungu, Alagoinha, Rio Tinto e Gurinhém, na Paraíba. Por lá vivem cerca de cem mil pessoas. Devido à extrema pobreza, parte delas depende dos programas sociais dos governos federal e estadual. Moram próximas à barragem de Camará, com capacidade para cerca de 27 milhões de metros cúbicos de água. Numa noite de quinta-feira, a barragem rompeu, causando mortes, destruindo casas e alagando bairros inteiros.

A tragédia de Camará não foi maior porque quando a água chegou à porta das casas, não encontrou a maioria dos moradores das partes baixas de Alagoa Grande e Mulungu, por onde passa o rio Mamanguape. Pouco antes, uma rádio da cidade de Areia, que toca música a noite toda, principal entretenimento na região, interrompeu a programação para anunciar o risco iminente. Um ouvinte, vizinho à barragem, notou que algo errado acontecia e lembrou da emissora para avisar os moradores.

O rádio que está na internet e fala para o mundo, interage com o ouvinte, oferece texto e imagem, também convoca voluntários em Canoinhas e alerta para o perigo na barragem de Camará. Por mais avançadas que estejam as comunicações, o transistor – como muitos ainda chamam o aparelho de rádio à pilha – reflete as diferenças socioculturais do Brasil. A desigualdade entre os que ficam na fila do posto de saúde e os internados em salas de cirurgia de última geração; entre os que sentam no chão de terra batida para assistir às aulas da única professora na cidade e os que debatem os principais temas internacionais em teleconferências com colegas de outras partes do mundo é a mesma que separa o ouvinte que põe a pilha na geladeira para conservar a energia que faz funcionar seu radinho até o fim da noite e aquele conectado à internet em canais de alta velocidade.

O profissional de rádio tem de estar pronto para esses dois cenários que ainda vão conviver por algum tempo e têm em comum muito mais do que apenas o veículo por onde a mensagem circula. Em ambos, a responsabilidade ao informar é fundamental.

As estruturas física, pessoal e tecnológica não podem pautar o comportamento ético do jornalista diante do cidadão. O trabalho em uma pequena emissora do interior do Brasil, que fala com a comunidade simples, muitas vezes sem acesso à educação, requer a mesma responsabilidade daquele realizado, por exemplo, em uma rádio que integra um grande conglomerado de comunicação. Imaginar diferente é entender que o ouvinte pode ser classificado como de primeira, segunda ou terceira categoria. É acreditar que o executivo, pelo cargo que ocupa, o nível de escolaridade que conquistou, o salário que ganha e a gravata que usa, merece notícia mais bem apurada do que o operário da obra.

A comunicação é social e, portanto, o jornalista tem obrigação de oferecer ao cidadão – qualquer cidadão, esteja onde estiver, enfrentando a situação que enfrentar – informação de qualidade, possível apenas dentro de padrões éticos.

A pressão das elites empresariais e políticas de um reduto longínquo do país sobre a rádio da região ocorre da mesma maneira – talvez com outros métodos de persuasão, apenas – que em uma emissora na capital federal. O amigo do prefeito do município com 1.500 moradores tenta impedir a veiculação de uma notícia que afeta sua imagem assim como o senador abusa do prestígio para que a emissora em rede nacional não leve ao ar a denúncia sobre desvio de verba pública. Esse jogo é feito em qualquer campo e pelo pior tipo de gente. Ao jornalista e ao dono da rádio ou da empresa de comunicação cabe enfrentar tais situações tendo como foco o direito do cidadão de ser bem informado.

EM BUSCA DO ACESSO

Uma das mais isoladas sociedades do mundo está na Coreia do Norte, país que surgiu após a Segunda Guerra Mundial com a divisão da península coreana. Sua história política é dominada pelo líder Kim Il-sung, responsável pela introdução da filosofia Juche que prega ser o homem senhor do próprio destino. Esse sistema político se tornou uma espécie de religião oficial, que supervaloriza o povo e a cultura norte-coreana, além de enaltecer o grande líder. Na defesa de tal sistema, tem-se assistido aos mais absurdos métodos de controle sobre a população de pouco mais de 24 milhões de pessoas.

Restringir o fluxo de informação é um dos desafios do governo de Kim Jong-il, filho de Kim Il-sung, no poder desde a morte do pai, em 1994. A presença de jornalistas, principalmente dos estrangeiros, é raridade na República Popular Democrática da Coreia. Por lá não existem correspondentes internacionais credenciados; os últimos desse tipo eram parceiros comunistas. Nem mesmo os avanços tecnológicos têm sido suficientes para transpor as barreiras impostas à sociedade norte-coreana.

O jornalista Marcelo Abreu conta no livro *Viva o grande líder – um repórter brasileiro na Coreia do Norte* (Geração Editorial, 2002) que o país mantém total isolamento radiofônico e televisivo. Todo noticiário está sob controle estatal e mesmo as emissoras da Coreia do Sul, do outro lado da fronteira, não conseguem furar o bloqueio:

O aparelho de TV não sintonizava nem o único canal que existe na Coreia do Norte. O rádio também não conseguia pegar as poucas emissoras de Pyongyang e nenhuma emissora estrangeira. Os aparelhos fabricados na república popular são programados para sintonizar apenas estações locais. Mas o meu pequeno rádio, que levei na viagem, também não funcionava devido ao 'jamming', interferência proposital usada pelo governo para barrar a entrada de transmissões estrangeiras.

Todo esse esforço visa manter um líder acusado de, na década de 1990, permitir a morte de dois milhões de pessoas, vítimas da fome, de doenças e demais tipos de miséria humana. Mas não pretendo me alongar falando do regime norte-coreano. Essa tarefa seria melhor desempenhada por especialistas em jornalismo internacional. Mas faço questão de trazer o relato de Marcelo Abreu para chamar a atenção dos que veem nas novas tecnologias o caminho para colocar abaixo toda e qualquer fronteira. A internet estaria à frente desse pensamento, furando as barreiras pelo espaço cibernético, socializando a comunicação e democratizando a informação. Conceitos que o regime de Kim Jong-il, insiste em não reconhecer e, aparentemente, obtém sucesso.

De acordo com os dados divulgados no *Calendário Atlante de Agostini – 2003*, publicado pelo Instituto Geográfico de Agostini, na Coreia do Norte existem 147 aparelhos de rádio e 55 televisores para cada mil habitantes. Não há qualquer referência à internet. Apenas para comparar: no Brasil são 444 rádios e 228 televisores para cada mil habitantes, de acordo com a mesma publicação.

É verdade que a dimensão tomada pela internet levou à descentralização dos núcleos de opiniões, permitindo difusão maior de ideias. Abriu espaço para pensamentos que não encontravam eco nos meios de comunicação tradicionais, seja devido a interesses econômicos e políticos ou editoriais, simplesmente.

É verdade, também, que a internet abre possibilidades que o rádio propagado por ondas eletromagnéticas jamais nos ofereceu. Torna mais simples e barata a montagem de uma emissora e abre essa possibilidade a qualquer cidadão, pelo menos na teoria. Sequer é necessário autorização do Estado, extingue-se a figura da concessão pública e a autoridade perde poder de influência. Teoricamente, a censura desaparece.

Hoje em dia, a posição de uma rádio na sintonia é decisiva para seu alcance e sucesso. Isso é usado como estratégia empresarial para impedir que determinada emissora cresça em algumas regiões do país. Uma rádio de cobertura nacional e programação jornalística de qualidade pode chegar a qualquer cidade através de suas afiliadas, mas se o canal em que é transmitida for em uma frequência ruim, terá pouca projeção. Na internet essa dificuldade deixa de existir, e as rádios apresentam o mesmo potencial, tanto as ligadas a uma grande corporação quanto as de comunidades de bairro. Todas ocupam o mesmo espaço e tem possibilidades de atingir as mesmas distâncias – infinitas distâncias.

É comum o morador se mudar para outro Estado e seguir sintonizado pela internet a rádio preferida. O ouvinte, incomodado com a cobertura comprometida com as elites locais, acessa pelo computador a emissora que não tem frequência na cidade, mas oferece uma visão mais ampla e independente.

Vista dessa maneira, a internet democratiza a comunicação, aumenta a concorrência e permite que grupos minoritários encontrem espaço para divulgar ideias. Tudo isso é verdade, mas não se pode subestimar a capacidade dos ditadores e inimigos das liberdades. Haja vista o que acontece na Coreia do Norte, em que sequer a internet consegue furar o bloqueio imposto pelo governo totalitário.

É preciso, ainda, avaliar outro fator que considero primordial. A montagem de uma rádio na internet é facilitada pela tecnologia à disposição, mas o que faz essa emissora existir na rede mundial de computadores não são os *softwares* e os *hardwares*. Nem é o endereço que permite acesso ao conteúdo organizado em forma de programação.

A rádio na web só ganha vida quando é acessada pelo internauta. Processo muito mais complexo do que se imagina, porque não se resume a um clique no *mouse*. Esse é o último ato. Antes, as pessoas precisam conhecer a emissora, o endereço, que também pode ser encontrado nas ferramentas de busca. Não esqueça, porém, que esses serviços têm mecanismos que tendem a dar prioridade às páginas mais conhecidas e mais frequentadas. Não é fácil ser visto na imensidão da internet que abriga um número incalculável de sites e portais, ampliando a concorrência.

Nem mesmo o fato de uma emissora estar ancorada em um portal de conteúdo é garantia de sucesso – no caso, sinônimo de acesso. A rádio depende do espaço destinado pelo portal. É decisivo estar ou não na capa, área que disputa com os demais canais de informação, serviço e entretenimento. Seu destino dependerá de quantas páginas terão de ser visitadas pelo internauta até a programação começar a soar nos altofalantes do computador.

O caminho entre colocar uma rádio na web e ser acessado por um internauta é longo, como se pode ver. E não basta um, são necessários vários acessos para que a emissora no espaço virtual se transforme em realidade. Desse cenário se beneficiam os grupos econômicos mais poderosos, as grandes corporações que já dominam o mercado de comunicação no mundo, na maioria das vezes com práticas hegemônicas. Conglomerados que mantém sob o guarda-chuva rádios no formato tradicional, redes de televisão, editoras de jornais, revistas e livros, portais na internet, produtoras de vídeo e espetáculo têm muito mais condições de respaldar o surgimento e crescimento de uma emissora com programação veiculada na rede do que uma comunidade de bairro, por exemplo.

Sob essa perspectiva, é de se perguntar qual emissora tem mais alcance: a rádio na internet com possibilidade de ser acessada em qualquer ponto da terra ou a rádio comunitária montada com equipamento precário dentro de uma favela? Se esta tem capacidade de conversar com a comunidade, mobilizando os moradores em ações sociais, organizando-os em torno de reivindicações, mesmo que seu sinal esteja limitado às proximidades do bairro que representa, sua projeção é muito maior do que a outra, montada na internet, mas que não encontra seu público.

Não há qualquer interesse aqui em desestimular projetos radiofônicos na rede mundial de computadores. Seria uma contradição a tudo que foi dito até o momento. É preciso, contudo, conter o entusiasmo, que já vitimou centenas de boas intenções durante a explosão da bolha de crescimento da internet, há poucos anos. É importante chamar atenção para a capacidade das forças contrárias à liberdade de expressão e informação e, também, para os efeitos da monopolização da mídia, que se acelerou nos últimos tempos e põe nas mãos de poucas dezenas de grupos internacionais uma quantidade enorme de meios de comunicação.

Fazer esse alerta não é dar de ombros ao potencial de organização das comunidades na internet. Temos exemplos de vários serviços que surgiram no quarto de adolescentes criativos e conquistaram a rede, mas não são a regra e, muitos desses, acabaram encampados pelas grandes corporações assim que constatada sua eficácia.

Depois da tempestade, a bonança: é o que diz o ditado. Com os pés no chão, sem perder o direito à criação, empreendedores desse novo formato de rádio – e já existem centenas de emissoras transmitidas exclusivamente pela internet – têm de investir no conteúdo editorial para colocar abaixo as barreiras ideológicas, financeiras e empresariais, conquistando espaço e visibilidade na rede. Uma mudança do ponto de vista qualitativo que se diferencia pelo que é e como é transmitido, e exige programação ainda mais segmentada. Por exemplo, uma emissora oferecendo diferentes programas ao mesmo tempo. Em um canal, a notícia do momento, com os fatos relatados ao vivo e repórteres no local do acontecimento. Em outro, a análise aprofundada de especialistas, com um ritmo mais reflexivo.

Conteúdo apenas não basta. É preciso mais para conquistar o cidadão menos tolerante com as injustiças cometidas pelos meios de comunicação e seus profissionais. Dos jornalistas será cobrada postura ética no trato com a informação, além do preparo intelectual e da capacidade de apresentar a notícia dentro do contexto histórico e social, abrindo mão da atitude simplista de relatar os fatos como se ocorressem de forma isolada.

No rádio tradicional, o atendimento a tais reivindicações repercute na audiência e na consolidação da imagem das emissoras, principalmente nas que trabalham com jornalismo. Mas estamos falando de uma outra etapa dessa concorrência em que a concessão, até então a garantia do empreendedor de que seu veículo terá um canal para a programação ser irradiada, sairá das mãos do Estado e assumirá, aí sim, seu caráter público. É o cidadão, mais ou menos influenciado pelas forças de mercado, quem decidirá pela existência ou não de uma rádio na internet. Encontrar o segmento certo, desenvolver conteúdo apropriado e ter comportamento ético vão influenciar a decisão.

CAPÍTULO IV

Radioética

PLACA DE ACRÍLICO

Logo na entrada da redação da rádio CBN de São Paulo existe uma placa de acrílico transparente, presa a um pilar, na qual se lê: "O jornalismo é o exercício diário da inteligência e a prática cotidiana do caráter". O autor, jornalista Cláudio Abramo, de atuação marcante em alguns dos maiores jornais do país, em apenas uma frase chama atenção para dois aspectos fundamentais na rotina de repórteres, produtores, editores, locutores, âncoras, chefes disso e daquilo, dessa gente que dedica o dia à profissão. No jornalismo, o saber e o ser não podem andar dissociados. Não há qualidade de informação se não houver comportamento ético. Pode-se até levantar uma boa notícia ou dar um "furo" por meios espúrios, e com isso conquistar o posto de celebridade. No rádio, assim como no jornal, na televisão e na internet, há casos de profissionais que ganharam espaço na empresa e na imprensa, apesar de não terem atuado dentro das regras mínimas de respeito ao público, às fontes e aos personagens das reportagens. Mas o que esses fazem ou fizeram deve ser taxado por qualquer outro nome, menos jornalismo. Talvez possa ser batizado por pseudojornalismo, expressão usada por John S. Carrol, editor do *Los Angeles Times*, em artigo no qual analisa a conduta de empresas americanas de comunicação na cobertura política, depois dos atentados de 11 de setembro de 2001. No mesmo texto, adaptado de um discurso feito na Universidade de Oregon, nos Estados Unidos, e reproduzido pelo jornal *O Estado de S. Paulo*, Carrol ilustra o conceito de subjornalismo com duas histórias reais, que poderiam ser publicadas na "editoria antiética". A primeira, mais recente e famosa, diz respeito a Jayson Blair, inventor de dezenas de reportagens publicadas no *The New York Times*. A segunda, menos conhecida por estas bandas, até porque ocorrida há mais tempo, teve lugar no próprio *Los Angeles Times*. O jornal dedicou à abertura do Staples Center, centro de entretenimento e esportes de Los Angeles, uma grande edição de sua revista dominical. No entanto, esqueceu de avisar ao leitor que a publicação era resultado de uma parceria em que o centro de esporte ajudava o jornal a vender anúncios na revista a seus fornecedores em troca de parte da arrecadação. Segundo o editor do *Los Angeles Times*, ao descobrir que os jornais haviam enganado o leitor, a revolta das respectivas redações com esse tipo de traição foi tão grande que só pode ser aplacada com o afastamento dos responsáveis.

O jornalismo pressupõe verdade. Falta com esta quem, para conseguir a informação, atropela o direito do cidadão, entende que vale qualquer meio para se chegar ao fim e não pratica sua profissão com caráter, como ressaltou Cláudio Abramo. O cotidiano do profissional de comunicação é fazer perguntas, ouvir fontes, confrontar informações, pesquisar dados e investigar. Um conjunto de ações com a única intenção de chegar à verdade dos fatos. Se é esse o alvo, acertá-lo com o abuso da mentira não pode ser correto. Nem sempre se alcança a verdade plena, descobre-se parte dela e publica-se. O filósofo Jacques Lacan lembrou que:

> Digo sempre a verdade. Não toda, porque dizê-la toda não conseguimos. Dizê-la toda é impossível materialmente: para isso, faltam palavras. É por este impossível mesmo que a verdade toca o real.

Os limites do caminho que leva à verdade dos acontecimentos desafiam o jornalista todos os dias. No rádio e, mais recentemente, na internet, veículos nos quais a agilidade na busca da informação é a razão de ser, a tarefa torna-se ainda mais complexa. Não há tempo a esperar; a cada minuto, uma nova decisão; uma escolha sob pressão; e a necessidade de fazer desta uma ação justa para o algoz e a vítima. A notícia tem de ser publicada o mais rapidamente possível. É isso que o público espera desses profissionais. Caso contrário não há motivo para ligar o rádio ou acessar a internet. Melhor esperar o telejornal da noite ou o jornal que será entregue na porta do assinante no dia seguinte. Abrir mão dessa condição é uma forma de trair a expectativa do ouvinte ou internauta, mas crime maior será cometido se, em virtude dessa exigência, o jornalista manipular o acontecimento. O cidadão pode entender a espera pela notícia, mas jamais perdoará a distorção do fato. Ele quer a garantia de que a mensagem transmitida, se não for a verdade plena, é a verdade possível naquele momento, nunca a mentira deliberada. Esse é o compromisso que o jornalista tem de assumir perante o público. Um tratado que se traduz em credibilidade.

Exercitar a inteligência e praticar o caráter são tarefas para as quais Cláudio Abramo chama a atenção. A leitura diária da frase gravada em placa na redação da CBN pode provocar mudança de hábito, reforço de um comportamento ou passar despercebida, mesmo que esteja ali se oferecendo aos olhares de quem chega ao local de trabalho, e convocando todos à reflexão. É como um código de ética, muitas vezes escrito e impresso em papel de qualidade, distribuído a todos os funcionários de uma corporação e apresentado publicamente, mas que, se não for aplicado, é apenas mais um manual a medir a atividade humana, uma coleção de regras e preceitos vazia e inútil. Uma ética de acrílico.

CONFLITO DE INTERESSES

Ética está intimamente ligada à ação do indivíduo, por isso não se basta no papel ou no acrílico. Surge na reflexão do sujeito, mas se materializa apenas na execução. No jornalismo, está associada às decisões individuais do profissional, como as escolhas cotidianas entre o que é ou não notícia, e transparece em preceitos da profissão, como a busca pela verdade – sobre a qual já conversamos. Com a formação dos grandes conglomerados da mídia, que integram empresas com conflitos de interesses, é fundamental o jornalista ter, de forma muito clara, conhecimento do comportamento que deve e pode adotar diante das diferentes situações.

Veja o exemplo de uma rádio jornalística mantida por um grupo empresarial proprietário de uma companhia de filmes. As duas empresas precisam convencer a opinião pública da excelência do produto que desenvolvem. A primeira tem com o cidadão o compromisso de dizer a verdade, ser transparente, enquanto a segunda fala ao consumidor e seleciona a melhor informação do ponto de vista empresarial, o que não quer dizer que tenha de mentir, mas pode omitir. Dentro desse quadro, como fica o jornalista que recebe salário do mesmo patrão – ou patrões – que paga o produtor de cinema? Pode fazer resenha crítica do filme prejudicando o faturamento da bilheteria?

Conflitos dessa ordem têm de ser discutidos abertamente dentro da organização com seus funcionários e levados a público, mesmo porque falamos de corporações que exploram a comunicação social. Jornalismo e credibilidade andam de mãos dadas em uma relação construída na confiança depositada pelo cidadão naqueles que buscam, editam e divulgam a notícia. Nada mais justo que a sociedade participar desse debate e ter consciência do que move determinada empresa e seus profissionais. Isso nos leva a refletir não apenas sobre o código de ética do jornalista, mas sobre normas que regem a atuação do veículo e de seus donos.

Assim como um país que tenha na Constituição a garantia da liberdade de opinião e de acesso à informação não é, necessariamente, democrático, a existência de um código de ética em uma empresa de comunicação não é certeza de bom jornalismo.

O aumento da demanda pela atuação socialmente responsável das empresas tem levado algumas corporações a adotar políticas de gestão para aproximá-las da comunidade. Seriam ações cidadãs não tivessem apenas o objetivo de divulgar uma marca ou produto. Ou muito pior, não estivessem dissociadas do comportamento dessa mesma empresa em outras áreas. Há grupos que promovem programas de mutirão para reforma de salas de aula em áreas carentes ou campanhas para plantar árvores e preservar o meio ambiente, tudo devidamente transformado em publicidade, mas desrespeitam seu público interno, não pagando hora extra ou deixando de recolher o dinheiro da previdência social.

Por outro lado, determinadas regras que pontuam o pacto existente entre a redação do veículo e o público muitas vezes não estão escritas, existem baseadas no comportamento dos jornalistas, que refletem uma cultura adquirida e alterada no decorrer dos tempos. O que pretendo ao mostrar as duas situações – a redação que atua eticamente com base em regras não publicadas e a empresa que faz publicidade à base de ações sociais, apesar de desrespeitar os funcionários –, é deixar claro que a diferença não está em ter ou não um manual de normas éticas. O importante é a postura que o jornalista, o veículo e seus donos adotam porque, lembro mais uma vez, a ética está na ação, sem esta, é apenas estética.

Levar a público a discussão desses temas torna mais fácil a vida de todos, pois, a partir do momento que essas diretrizes são postas à mesa, as decisões são adotadas com segurança, seja pelo jornalista, pelos chefes ou pelos donos da empresa. Mais importante que isso, o debate interno levado à sociedade com a realização de fóruns ou, pelo menos, com a publicação desse código de ética nos meios de comunicação, permite que o cidadão tenha parâmetros para avaliar a atuação de todos os agentes dessa rede.

O ouvinte informado de que a rádio impede seus jornalistas de gravar conversas sem se identificar ou de publicar notícias de sequestros antes da solução do caso – e uso como exemplo dois temas que dividem profissionais e empresas de comunicação – assume o papel de fiscal dessas normas. Ele sabe qual deve ser o comportamento da emissora e dos repórteres. Tem subsídios para chamar atenção sempre que houver desvio de conduta e, inclusive, de tentar mudar essas regras quando entender que não estão de acordo com o contexto histórico e cultural da comunidade.

> Na linguagem oral cometem-se crimes inafiançáveis, como a pronúncia distorcida de alguma palavras. Subsídio, por exemplo, se escreve com "s" e tem som de "s", não de "z" como muitas vezes se ouve no rádio e na televisão. A norma geral diz que "s" entre vogais soa "z", portanto análise deve ser lida "análize", enquanto subsídio, que não tem o "s" entre vogais, deve ser lido "subssídio". Erros comuns na pronúncia ocorrem com "gratuito", "intuito" e assemelhados. Erroneamente fala-se como se o "i" tivesse acento agudo.

Ao jornalista que se afasta desse debate por arrogância – característica comum à profissão – ou por medo da transparência – que os deixa vulneráveis à crítica pública –, cabe lembrar que o mesmo ouvinte, fiscal no tratamento ético da informação, é parceiro nas situações de conflitos de interesse com a empresa e seus chefes. Um código compartilhado com o cidadão ganha autoridade. A partir das normas ali estabelecidas, o repórter tem, por exemplo, argumentos para defender a publicação de um assunto, apesar deste não ir ao encontro das aspirações de outras empresas que façam parte do mesmo conglomerado.

O código de ética regido por padrões claros, refletindo os valores aceitos e assumidos pela organização e todos os públicos que a compõem, ajuda a entender se a empresa – emissora de rádio, canal de televisão, portal de internet ou jornal – em que atuamos enxerga a independência jornalística como fundamento básico para a realização de um trabalho de qualidade ou como mero acessório. Permite criticar decisões superiores que não estejam de acordo com o consenso estabelecido a partir daquelas regras.

Como a ética existe para as pessoas e estas devem se comportar como sujeito da ação, antes de discutirmos com o veículo, seus proprietários e nossos chefes, é importante que se mantenha uma atitude correta com os colegas. Muitas vezes, cobramos ações dignas de quem comanda e esquecemos de agir dignamente com os comandados. Pedimos respeito, mas não nos importamos em desrespeitar o outro se podemos tirar daquilo algum benefício. Mais ou menos como o motorista que reclama do trânsito complicado e, imediatamente, bloqueia o cruzamento.

VENDENDO CREDIBILIDADE

"Radiojornalismo é a arte de publicar notícia entre um comercial e outro." A frase surge nas redações sempre que o número de anúncios publicitários aumenta, ocupando espaço da programação jornalística. Está relacionada a uma discussão permanente nas emissoras que lembra a propaganda do biscoito: ninguém sabe se vende mais porque está sempre fresquinho ou se está sempre fresquinho porque vende mais.

A rádio faz uma programação de qualidade com reportagens boas e entrevistas esclarecedoras. Atende às necessidades do ouvinte e cresce na audiência. Ganha projeção e visibilidade no mercado publicitário que passa a comprar espaço para anunciar: afinal, lá está o consumidor. Em seguida, o jornal e os programas têm de abrir mão de algumas entrevistas e reduzem o tempo das reportagens porque estão cheios de anúncios. Os intervalos comerciais ficam maiores, o ouvinte se sente desprestigiado e troca de estação. O anunciante que foi em busca do público é o mesmo que o afasta de lá.

A convivência do departamento comercial com o de jornalismo é marcada pela tensão constante gerada por supostos conflitos de interesse e, exatamente por isso, o compromisso ético assumido pelos profissionais e pela emissora, mais uma vez, vai balizar as negociações. A independência da área editorial com os anunciantes precisa estar bem definida, servindo de blindagem para os profissionais que trabalham com a notícia e os que vendem anúncios. Não exatamente afastando um do outro, já que ambos atuam pela mesma causa – pelo menos é assim que deve ser. Regras claras e posicionamentos públicos em defesa dessa autonomia espantam interesses espúrios, reduzem o "assédio imoral" do mercado sobre a área comercial e desta sobre a editorial.

Vimos, em capítulos anteriores, como a publicidade influenciou a programação desde o início da história do rádio. Durante muito tempo se entendia como natural essa relação, a tal ponto que o mais importante noticiário radiofônico, o *Repórter Esso,* levava o nome do patrocinador. O que apenas reforça a ideia de que a ética é uma referência para a vida em sociedade que se altera historicamente.

Ainda hoje se verifica em algumas emissoras a ascensão dos interesses comerciais na redação com a cobertura de eventos envolvendo anunciantes, o uso de jornalistas em testemunhais, repórteres tendo de citar o nome do patrocinador, entre outras estratégias que levam o profissional da informação a emprestar seu prestígio a marcas e produtos.

É de estranhar a contradição que existe nesse relacionamento, porque a empresa compra o anúncio em uma rádio jornalística para associar o seu nome à confiança que o público deposita no trabalho da redação. Nos exemplos citados no parágrafo anterior, se vê, porém, que a mesma empresa paga para que a rádio traia esse compromisso com o ouvinte.

Isso acontece em qualquer veículo de comunicação, não apenas no rádio. A própria internet, apesar de nova, repete os velhos erros desse casamento permitindo a interferência do anunciante nos programas. Nessa rede de interesses, é preciso entender que, na compra de espaço comercial, o valor cobrado pelo investimento refere-se ao custo do editorial. Este agrega valor ao anúncio pela credibilidade conquistada através do trabalho jornalístico sério, competente e ético, principalmente. O anunciante quer conversar com o público que sabe distinguir essas qualidades, portanto, não pode ter a intenção de interferir no conteúdo jornalístico, pois estará desvalorizando o próprio produto.

É comum o empresário pensar que, ao investir na programação, compra o conteúdo da emissora. Ledo engano. Ele paga pela qualidade do conteúdo, mas o editorial não está à venda. Da perspectiva do jornalista de rádio, o único compromisso com o conteúdo comercial é o de fazer o papel dele muito benfeito, pois é o jornalismo de excelência que trará os anunciantes para a emissora.

Em palestras com executivos e porta-vozes de empresas, públicas e privadas, procuro destacar as diferenças entre jornalismo e propaganda. No espaço editorial a palavra pertence à imprensa; no comercial, o domínio é da empresa. No editorial, é o jornalista quem decide o tempo, o destaque e o momento em que o fato será noticiado; no comercial, é o empresário. No editorial, garante-se a credibilidade; no comercial, a divulgação. É uma questão de eleger o que mais interessa à estratégia de comunicação empresarial. Deve-se ter muito claro o fato de que notícia não é propaganda, não tem preço e não se resolve com dinheiro – pelo menos em um cenário socialmente responsável.

Uma das alegações que surgem nessas conversas é o fato de que, principalmente em cidades menores, os próprios veículos propõem a troca da compra de anúncios por participação na programação jornalística. Profissionais liberais, como médicos, dentistas e advogados, ou mesmo empresários, são pressionados a fazer publicidade na emissora sob o risco de não terem suas atividades divulgadas, ainda que sejam de interesse público, enquanto seus concorrentes, por aceitarem o jogo imposto pelo dono da rádio, são contemplados com entrevistas e reportagens.

Sugiro resistir a esse tipo de comportamento, pois o cidadão, esteja ele à frente de uma corporação, de um pequeno escritório ou desempregado, tem responsabilidades com a sociedade e, portanto, obrigação de combater e denunciar, se for o caso, atitudes antiéticas. As entidades de classe que representam os jornalistas e os veículos de comunicação podem ser acionadas para que cobrem comportamento condizente com o papel que emissoras e profissionais devem exercer na comunidade. Caso o corporativismo fale mais alto, é preciso mobilizar os organismos que, tradicionalmente, atuam em defesa da democracia como a Ordem dos Advogados do Brasil e Associação Brasileira de Imprensa.

Esse cenário deve ser visto, ainda, como incentivo para se lutar em favor da pluralidade dos meios de comunicação, uma das garantias para a manutenção da liberdade de expressão.

Por tudo isso, ganha importância um código que determine o papel de cada um dos agentes nesse processo de comercialização. É preciso deixar claro para o mercado a total independência do departamento de jornalismo, não apenas quanto ao assédio comercial, mas também às pressões políticas. Nesse aspecto é preciso lembrar que as verbas publicitárias estatais são muito cobiçadas pelas empresas de comunicação. Em alguns casos, chega a ser a principal fonte de arrecadação da emissora de rádio. Se não houver a tal delimitação de poderes, esses recursos chegarão aos veículos com dois componentes muito perigosos: o político e o econômico.

A pressão é exercida de várias maneiras. Às vezes, com ameaça de suspensão ou não renovação da concessão pública para os meios eletrônicos – o que deverá se enfraquecer com a migração dos veículos para a internet. Em outras, com a devassa fiscal e suspensão de linhas de crédito, caso a emissora mantenha conteúdo editorial que não esteja de acordo com os interesses da elite política do país. Mas, na maioria das vezes, a repressão ocorre com a distribuição de verba estatal entre os grupos alinhados ao governo, que são beneficiados em detrimento dos que mantêm comportamento crítico.

É inaceitável, mas não incomum, que, em troca de anúncio durante a programação, a emissora negocie, nas agências estatais, entrevistas com o prefeito, o governador e demais autoridades disponíveis. Há situações em que o próprio apresentador, com participação na verba publicitária da emissora, aluga o espaço do programa para políticos e empresários, forjando, inclusive, debates para passar a falsa imagem de que aquele é um território democrático. É criminosa essa atitude porque busca dar um caráter jornalístico a algo que sequer pode ser chamado de comercial. Abusa-se da confiança do ouvinte e se coloca em jogo a credibilidade de um produto e de um veículo.

Aceitar esse comportamento é uma negação ao papel do jornalista que tem entre suas principais funções manter atitude crítica e independente diante dos poderes constituídos.

ESCRAVO DE DOIS SENHORES

A penúria em que vive boa parte das emissoras de rádio resulta em má remuneração para seus profissionais. Gente que não se sustenta apenas com o salário da redação e se vê obrigada a um segundo emprego, o popular "bico" – mais popular do que nós jornalistas gostaríamos que fosse. Muitas vezes essa situação gera conflitos de interesse, à medida em que o mesmo profissional que está na redação pela manhã, à tarde dá expediente na repartição pública. O repórter que cobre os fatos da cidade na emissora é o mesmo que, no escritório de comunicação, divulga os eventos de um grupo artístico ou de uma casa de espetáculo. Não se surpreenda, também, se descobrir que seu apresentador favorito no rádio é dono da agência de propaganda que intermedeia a compra de espaço comercial na programação.

Quem é o senhor desse serviçal? Os donos das empresas que pagam comissão para a agência de publicidade dele e com os quais tem o compromisso de mostrar o que mais interessa ao anunciante? O deputado que usa dinheiro da verba de gabinete para garantir a divulgação de suas ideias e projetos? O artista que o contrata para divulgá-lo entre os meios de comunicação? Ou será o público com quem assumiu o compromisso de dizer a verdade desde que escolheu a profissão de jornalista? Ninguém consegue servir a patrões com interesses tão distintos e, ao mesmo tempo, agir honestamente com todos eles.

As atividades de jornalista e assessor de imprensa se confundem, pois ambas trabalham com a publicação de notícia e têm relação com o público. Os dois profissionais se formam na mesma faculdade e têm em mãos o mesmo diploma. Muitos assessores têm anos de experiência em redação e competência para colocar no ar um programa de rádio, publicar um jornal ou produzir excelentes reportagens. Há casos de assessores que, enquanto foram jornalistas, receberam prêmios importantes. Foram essas qualidades, aliás, que lhes deram condições de desenvolver um plano de comunicação para a empresa ou serviço público que os contratou.

A distinção não é feita sequer pelos sindicatos de trabalhadores, haja vista o Código de Ética dos Jornalistas, aprovado pela Fenaj, federação nacional que reúne profissionais da categoria, em 1985. Em um dos parágrafos do Artigo 10, o código determina que o jornalista não pode "exercer coberturas jornalísticas pelo órgão em que trabalha, em instituições públicas e privadas, onde seja funcionário, assessor ou empregado". Seria de espantar se pudesse, mas o fato de admitir a dupla jornada em um gabinete público e em uma redação por si só causa estranheza. É de se imaginar que a intenção de quem legislou é dar ordem à situação inevitável provocada pelos baixos salários, mas acaba incentivando a prática.

Qualquer semelhança não é mera coincidência, como se nota, mas as duas atividades têm objetivos e métodos de atuação diferentes. O jornalista é contratado para descobrir a verdade dos fatos, enquanto o assessor de imprensa, para divulgá-los conforme a conveniência de quem o contrata. O jornalista tem obrigação de publicar aquilo que querem esconder, enquanto o assessor se esforça para reduzir o impacto da divulgação do que estava escondido.

Estar em uma assessoria de imprensa não é desabonador para ninguém. Esta tem função importante na elaboração de estratégias de divulgação de informações, possibilitando que algumas notícias sejam levadas ao público de maneira mais elaborada. A dificuldade de comunicação de uma empresa, pública ou privada, prejudica o cidadão quando o fato é de interesse da sociedade.

Um ministro da Fazenda que não saiba se expressar terá problemas para explicar um plano econômico. Alguém que atue em um órgão de defesa do consumidor pode deixar de esclarecer mudanças em contratos com empresas da área de Saúde porque transmite mal as informações. Exemplos em que o auxílio de um profissional pode beneficiar o cidadão.

O papel do assessor de imprensa também tem sua dimensão ética. Não pode exercer função incompatível com o cargo, como ser repórter ou editor em uma emissora de rádio. Essa é uma regra de mão dupla.

Na assessoria, o profissional tem de discutir com a organização a importância de ser transparente no relacionamento com clientes, funcionários e fornecedores. Cobrar respeito ao consumidor, alertando para procedimentos que possam prejudicar o cidadão. Não é ético esconder informação que coloca em risco a saúde da pessoa ou o meio ambiente apenas para preservar a imagem da corporação.

O assessor de imprensa deve impedir qualquer intenção dos dirigentes da empresa de cooptar jornalistas de maneira ilícita, mesmo que isso garanta uma divulgação maior da marca ou produto que representa. Incentivar a discussão da ética organizacional, tornando públicos seus propósitos e forma de atuação, também está entre as atividades previstas no cargo.

Os problemas mais frequentes ocorrem no serviço público em que supostos jornalistas são contratados para atuar como assessores de imprensa e se transformam em assessores políticos. Deixam de se importar com as regras mínimas de convivência com os meios de comunicação; passam a enxergar no repórter ou apresentador de programa um inimigo em potencial que deve ser combatido; assumem bandeiras partidárias; e usam diferentes formas de pressão, inclusive "pedindo a cabeça" do jornalista, se não têm seus interesses atendidos. Alguns chegam a dar entrevistas incorporando discursos e métodos daqueles que deveriam ser apenas seus clientes.

Uma regra que todo jornalista deve adotar: assessor de imprensa assessora, não dá entrevista; portanto, não se deve aceitar que fale no lugar do assessorado.

DO GALINHEIRO À RAPINAGEM

Ary Barroso foi um dos grandes personagens da história brasileira. Tinha talento e competência que não cabiam em uma só atividade. Não bastasse ter criado *Aquarela do Brasil*, espécie de hino nacional não oficial, foi jornalista, produtor de espetáculos teatrais, animador de programas de rádio e televisão, músico, político e narrador de futebol. Mineiro de Ubá e flamenguista roxo, não continha sua paixão diante do microfone nas transmissões dos jogos de seu time. Era crítico, polêmico e audacioso nas opiniões, personalidade que lhe causou uma situação inusitada.

Na década de 1930, após atacar duramente a diretoria do Vasco da Gama, Ary Barroso foi proibido de entrar no estádio São Januário. Isso não o impediu de seguir acompanhando os jogos de futebol para a Rádio Tupi. Sempre que havia partidas marcadas para o campo vascaíno, Ary subia no telhado do galinheiro de uma casa ao lado e, com o microfone em uma mão e binóculo em outra, narrava os jogos do Campeonato Carioca. A estratégia, evidentemente, chamou ainda mais atenção dos torcedores que sintonizavam a emissora.

O incidente com Ary Barroso nos ensina que a prepotência de cartolas do futebol brasileiro não é sequer novidade. Há muito tempo, usam da força para calar opiniões contrárias. Naquela época não conseguiram parar o *"Speaker* da Gaitinha", como Ary era conhecido por substituir o grito de gol pelo som de uma gaita de boca. Nos mais de setenta anos que separam aquela atitude dos dias atuais muita gente boa foi alvo do comportamento intempestivo de dirigentes. E os jornalistas têm parcela da culpa pela repetição de tais fatos.

O rádio cresceu com o futebol brasileiro. Foi o veículo de comunicação que mais explorou a emoção do esporte nos primeiros anos de sucesso de nossos clubes e seleções. Ouvir as transmissões dos jogos transformou-se em hábito para milhões de brasileiros, hábito que não foi abandonado mesmo após a televisão iniciar as coberturas ao vivo. Ainda é comum o telespectador assistir às partidas de olho na tela e ouvido colado na rádio favorita.

A proximidade entre o veículo e o esporte gerou uma dependência e intimidade prejudiciais ao radiojornalismo – aqui, me refiro a um modelo específico de emissora. A começar pelo fato de muitos não compreenderem a cobertura esportiva como atividade jornalística, levando ao desrespeito de alguns preceitos da profissão. Nas redações, a própria divisão das áreas de esporte e jornalismo, com a estruturação de departamentos específicos e, em alguns casos, independentes, dá a impressão de que os valores que pautam um setor não servem para o outro.

A ideia de que o futebol é espetáculo foi usada por radialistas para justificar desvios éticos, como transformar o jogo em algo maior do que ele próprio, com o objetivo de prender a atenção do ouvinte, garantindo alguns pontos a mais na audiência. Isso é sensacionalismo, condenado pelo público no noticiário policial, mas, aparentemente, permitido no esporte. A emoção faz parte do jogo, mas não deve ser confundida com paixão.

O convívio diário do locutor, comentarista e repórter nos clubes se transforma, muitas vezes, em amizade e admiração por um jogador, técnico ou diretor. Essa intimidade demasiada com a fonte prejudica a busca pela isenção, exigência do jornalismo. Um fenômeno semelhante ocorre com repórteres que realizam a cobertura em Brasília, cidade onde, do café da manhã ao jantar, convive-se com as fontes. Apesar disso, talvez por um traço cultural da editoria política ou porque o tema não desperta tantas paixões, a proximidade não tende a ser promíscua com a mesma frequência.

Há situações mais graves em que o relacionamento vira negócio e o jornalista assume o papel de empresário, comprando e vendendo atletas. Também no esporte ocorre a dupla função, com o profissional comprometendo sua imagem ao aceitar convites para ser assessor de imprensa sem abrir mão do seu cargo na redação, é lógico. Não há como ter distanciamento crítico em casos como esses.

Prática que se verifica atrás de cada gol: repórteres com camisetas e bonés com o nome de um patrocinador estampado. A estratégia é usada para que o profissional tenha seu salário incrementado no fim do mês. Remuneração que pode ser ainda maior se o jornalista garantir aparição diante das câmeras de televisão no momento em que o craque estiver comemorando o gol.

O envio de abraços durante as transmissões esportivas para o empresário que compra cota de patrocínio na emissora, o dono da churrascaria da região que oferece almoço de graça ou o proprietário de um hotel que costuma hospedar a equipe da rádio nas viagens a trabalho também ocorre com assiduidade.

Clubes de futebol costumam oferecer passagem e estadia para alguns jornalistas esportivos com a intenção de garantir a cobertura da competição da qual participam, principalmente no exterior. Um método aceito por emissoras de rádio, muitas das quais negariam tal procedimento se a oferta fosse feita por um político em visita oficial a um país estrangeiro ou por um empresário prestes a lançar nova fábrica em ponto distante do país. Agem como se, para fazer jornalismo esportivo, a ética pudesse ser diferente daquela aplicada no jornalismo político. Como se o cidadão que ouve os jogos de futebol não merecesse o mesmo respeito daquele que acompanha as votações do Congresso.

Tenho dúvidas se o próprio público não se comporta dessa maneira, aceitando deslizes éticos no esporte que não seriam perdoados em outras áreas. Tendo em vista o fato de narradores, cronistas e repórteres esportivos não provocarem tanta polêmica ao fazerem *merchandising* durante os programas e transmissões quanto provocaria um comentarista econômico agindo de forma semelhante. Ressalte-se, contudo, que, se isso realmente acontece, aumenta ainda mais a responsabilidade do jornalista em defender atitude condizente com a profissão para educar o cidadão e tê-lo como aliado.

O futebol brasileiro merece cobertura jornalística mais crítica e independente, características que aparecem apenas em alguns departamentos de esporte do radiojornalismo. Esse é o esporte mais popular do mundo. O número de praticantes chega, segundo cálculos de 1998, a quatrocentos milhões de pessoas. São 6,6% da população do planeta. A Fifa tem receita que bate a marca dos 4 bilhões de dólares e o futebol movimenta 256 bilhões de dólares por ano. Os dados são apresentados pelo jornalista Jorge Caldeira, no livro *Ronaldo, glória e drama no futebol globalizado* (Editora 34 e Lance editorial, 2002), no qual deixa claro, a partir da história de um dos maiores jogadores do mundo, o fato de a era romântica do futebol ter se encerrado há muito tempo.

As emissoras de televisão têm papel importante no campo dos negócios e se transformaram nas principais parceiras de eventos esportivos e financiadoras dos clubes. Compram o direito de exibir com exclusividade campeonatos de futebol. Pagam fortunas para transmitir Copas do Mundo e Jogos Olímpicos. Têm de vender cotas de patrocínio e, em troca, oferecer o maior número possível de telespectadores. Nesse cenário, o narrador vira animador de audiência, sendo constrangido a motivar o público para que esse se mantenha sintonizado no canal.

As rádios não têm o mesmo compromisso, até pela falta de dinheiro para assumir negócios milionários. Deveriam aproveitar essa situação e a pressão menor que sofrem do mercado para realizar cobertura diferenciada dos canais de televisão. Atuar com visão crítica e independente, se permitindo investir em reportagens que extrapolem os temas corriqueiros como a lesão de um jogador, a picuinha da torcida ou o diz que diz que do cartola. Ir mais a fundo, desenvolvendo o jornalismo investigativo, usando modelo bem explorado pelos jornais impressos. As redações poderiam tirar o repórter do campo de treino, escalando-o para acompanhar o submundo do futebol em busca das falcatruas que possibilitam o desvio para bolsos alheios de boa parte do dinheiro aplicado no esporte.

> O futebol é varziano quando está em jogo a língua portuguesa. Muitas das manias que tomaram conta das ruas foram criadas pelos locutores e repórteres esportivos. "Correr atrás do prejuízo" é apenas um dos muitos exemplos. A expressão passou a ser usada para dizer exatamente o contrário do seu significado. Só no futebolês quem corre atrás do prejuízo quer vencer. Na vida real, quem corre atrás do prejuízo é louco ou pretende dar um golpe na seguradora. A propósito: Marcos de Castro, em *A imprensa e o caos na ortografia* (Record, 1998), alerta que futebol deve ser pronunciado "futibol" em vez do "futê-bol" que soa nas chamadas da televisão, sendo repetido e defendido por quem não conhece a língua.

Futebol é um negócio que envolve milhares brasileiros diretamente na produção de material esportivo, transmissões de jogos, funcionários de clubes, médicos, técnicos e jogadores Portanto, não pode mais ser tratado com se fosse de menor importância ou menos sério. Há necessidade de uma mudança de comportamento jornalístico tanto na dimensão técnica como ética, principalmente. Talvez, assim, os cartolas pensariam duas vezes antes de medidas intempestivas como a que levou Ary Barroso para o alto de um galinheiro, em São Januário. Fato que, pelo menos, rendeu um bem-humorado cateretê de Lamartine Babo cantado, assim, na música *Cinco Estações*:

No radioclube, eu sou é homem. E, minha gente, francamente, eu sou do esporte. Futebol me põe doente. No galinheiro, se irradio para o povo, cada gol que eu anuncio, a galinha põe um ovo.

CAPÍTULO V

Rádio padrão

BEBENDO DA MESMA FONTE

Sou do tempo em que jornalista procurava a fonte, hoje a fonte vai atrás do jornalista. A frase pode, além de ser reveladora da idade, parecer saudosista. Não tem nem uma nem outra intenção, mesmo porque iniciei minha carreira no jornalismo na década de 1980, quando essa mudança de comportamento já se verificava. Quero é alertar para um dos aspectos mais importantes no cotidiano do jornalista: a construção de uma rede de fontes – pessoas e instituições das quais surgem histórias, informação, opinião e explicação que podem se transformar em notícia.

Ao longo do século xx, as empresas mantiveram-se fechadas para preservar a própria imagem. Miopia organizacional revelada nas palavras que ganharam fama como sendo de autoria do presidente da DuPont, Irving Shapiro: "É possível sair-se bem nos negócios, seguindo-se quatro regras: ater-se aos negócios; ficar fora de encrencas; associar-se aos clubes certos e não conversar com os repórteres". As recomendações têm de ser analisadas levando-se em consideração a cultura no início do século passado. Mesmo assim, vou seguir a primeira e me ater ao meu negócio, o jornalismo.

Nos anos 60, iniciou-se uma transformação na maneira das corporações se comunicarem com a sociedade. Até então, a propaganda era o melhor mecanismo para dialogar com o cliente. Nela a empresa afirmava sua posição sem ser contestada, tinha controle sobre a informação. Foi preciso mudar esse foco para se diferenciar em um mercado cada vez mais competitivo. Marca, produto e serviço tiveram de migrar do espaço comercial para o editorial, um caminho que deixava a organização exposta a riscos, mas agregava valores importantes a sua imagem perante a opinião pública. O feito de uma empresa publicado em reportagem de rádio, jornal ou televisão – naquele tempo a internet era conjugada no "futuro mais-que-perfeito" – tinha mais credibilidade do que o anunciado na propaganda.

A tecnologia da informação acelerou esse processo e, nas décadas de 1970 e 1980, empresas e empresários, assim como as organizações públicas e a sociedade, representada pelas ONGs, entenderam que a política de comunicação era uma ferramenta estratégica. Não bastava um profissional escalado para cuidar dessa área, havia a necessidade de uma organização capaz de desenhar ações que abrangessem todos os setores da instituição, porque comunicar é muito mais do que falar.

O resultado pode ser verificado no mercado jornalístico. Atualmente, existem grupos especializados em comunicação empresarial, que mantém em seus quadros mais funcionários do que boa parte das emissoras de rádio. Pelo menos um terço dos jornalistas com carteira profissional assinada trabalham fora das redações, provavelmente, nas fontes organizadas. É o que se lê em *Fontes abertas – indicadores Bristol-Myers Squibb de relacionamento com a imprensa* (Laboratório *Bristol-Myers Squibb*). A publicação, que estabelece as diretrizes de comunicação do laboratório, conta também que "cerca de 95% do que o noticiário jornalístico nos oferece diariamente são relatos e comentários de acontecimentos programados por instituições interessadas, ou revelações e falas controladas por fontes organizadas".

Programar e controlar são verbos que põem em risco a liberdade de expressão e merecem uma reflexão ética, pois estão relacionados à cobertura jornalística. Ao facilitarem o trabalho do repórter, esclarecendo dúvidas e oferecendo fontes especializadas, algumas vezes até colaborando com a descoberta de personagens para ilustrar a reportagem, direcionam o assunto de acordo com o interesse privado, enquanto o jornalista deve ser pautado pelo interesse público. Não que, necessariamente, haja oposição entre esses interesses. Em determinadas situações, os dois podem andar no mesmo sentido, a caminho do cidadão. Mas é função do jornalista avaliar quando esses conflitos surgem.

A necessidade da construção de uma rede de fontes está ligada, até certo ponto, ao que o jornalista e escritor Zuenir Ventura escreveu no livro *Mal secreto* (Objetiva, 1998): "jornalista é aquele que não sabe nada, mas conhece quem sabe". Quem sabe é a fonte. Nas rádios, com raras exceções, não se encontra mais jornalistas especializados, nem a redação é separada em editorias. As emissoras se dão ao luxo, no máximo, de dividir a equipe em jornalismo e esporte, como falamos anteriormente. Quando muito permitem que um repórter permaneça durante um período maior acompanhando um só tema. Mesmo assim, o conforto de ficar um mês no Congresso Nacional pode ser quebrado a qualquer momento em edição extraordinária e o "politiquês" ter de ser substituído pelo "economês". Portanto, cada vez mais os profissionais dependem dos conhecedores de cada área, que podem estar na empresa, na universidade, nos órgãos públicos ou em ONGs, por exemplo.

Uma maneira de o jornalista escapar das armadilhas montadas por essa nova estrutura de relacionamento é diversificar as fontes, permitindo a pluralidade de ideias. Porém, o que se verifica é a repetição de entrevistados e especialistas consultados. Preste atenção nas entrevistas de rádio sobre os efeitos das drogas na sociedade. O mesmo médico que você ouviu hoje pela manhã em uma emissora, surge falando em outra, à tarde. Daqui a um mês, quando o tema voltar à tona, lá estará o "doutor das drogas" dando seus palpites, mais uma vez. Isso acontece na área de saúde, de segurança pública, urbanismo, genética etc.

A internet é ferramenta importante nas mãos de quem souber usar e pode abrir a "caixa preta" das fontes. Nos serviços de busca, na pesquisa apurada e na navegação frequentemente é possível levantar informações não encontradas com nossos informantes. Abrem-se novos acessos a pessoas, instituições e documentos, ampliando a quantidade e qualidade das fontes. É preciso, contudo, selecionar os canais nos quais se pode depositar confiança, do mesmo jeito que se elege esta ou aquela pessoa para nos municiar de informações.

Um dos motivos do que podemos chamar de "fontismo" é a dificuldade de se ter não apenas especialistas e profundos conhecedores, mas especialistas e profundos conhecedores que saibam comunicar. Um problema ainda mais evidente no rádio e na televisão, porque nesses veículos o jornalista precisa muito que o entrevistado fale de maneira clara, simples e direta para que a reportagem seduza o ouvinte ou o telespectador. Muitas vezes, um professor de física quântica, com trabalhos publicados internacionalmente e com informações preciosas, torna-se uma péssima fonte, pois sua retórica hermética não ajuda a esclarecer, pelo contrário, pode complicar ainda mais

Outro fator que leva ao "fontismo" é a dinâmica das redações que impõe um ritmo de trabalho veloz aos jornalistas. Estes, por conveniência – ou seria por preguiça? –, se cercam das fontes mais acessíveis, muitas vezes "descobertas" pelas assessorias de comunicação. Um risco à qualidade do jornalismo prestado.

Para se proteger, o jornalista tem de questionar qual o interesse daquele entrevistado em estar sempre à disposição para comentários e esclarecimentos. É possível encontrar pessoas que por terem adquirido conhecimento sobre determinado tema sintam-se motivadas a compartilhar com a sociedade suas ideias. Há quem faça isso por entender que os meios de comunicação têm papel importante na educação do cidadão. Mas podemos nos surpreender com especialistas prontos para se lançar candidatos, que visam aumentar sua carteira de clientes ou que estão a serviço de algum grupo. Faz bem à saúde do jornalismo desconfiar daqueles que se oferecem com frequência para falar.

No caso do rádio e da televisão, as pessoas consideradas boas informantes, mas ruins de comunicação, devem ser preservadas. Elas podem oferecer subsídios para as reportagens, apesar de não "funcionarem" em entrevistas. Já as que não tiverem informação para dar, mesmo que tenham facilidade para se expressar, devem ser espantadas. E para bem longe. Mesmo porque se jornalista sem fonte é um eunuco no paraíso das virgens, fonte sem notícia é a virgem na terra dos eunucos.

Falamos no capítulo anterior sobre os riscos de se aproximar demais da fonte. Volto ao tema porque confundir confiança com amizade pode ser fatal. O jornalista, ao se tornar amigo de alguém que é fonte, perde a fonte ou o amigo. Dificilmente conseguirá preservar os dois sem se comprometer. A proximidade excessiva contamina o relacionamento profissional. Um dos riscos mais comuns é o de o jornalista começar a pensar com a cabeça do informante amigo e perder a independência. O primeiro sinal é a semelhança do discurso, na forma e conteúdo. Em início de carreira, muitos repórteres são escalados para cobrir o noticiário policial. Em pouco tempo, o convívio diário nas delegacias se reflete nas expressões usadas pelo jornalista, que transforma carro de polícia em viatura, preso em bandido e desaparecido em homiziado. O próximo passo é fazer da versão oficial o fato, esquecendo-se de que uma das suas funções é sempre desconfiar. No extremo, o raciocínio jornalístico é substituído pelo ponto de vista do "doutor delegado". Preconceito e discriminação ganham sentido e a ética deixa de nortear as ações do profissional.

> Assim como no esporte, a cobertura policial é responsável por crimes cometidos contra a Língua Portuguesa. Tão comum quanto sequestro-relâmpago é ouvir o repórter dizer que "o bandido extorquiu o comerciante". Extorquir deve ser usado no sentido de arrancar, por isso, "extorquir a confissão do preso", "extorquir a verdade da pessoa" e "extorquir dinheiro do comerciante" são as formas corretas de usar o verbo. Só mais uma: delegado não é doutor nem aqui nem na China. Aliás, boa parte dos "doutores" que entrevistamos jamais imaginou fazer curso de doutorado, por isso prefira "senhor" e "senhora". Reserve "doutor" para quem de direito.

AGENDA SELECIONADA

O entrevistado certo, no assunto certo e na hora certa. É o sonho de todo produtor de rádio, principal responsável pela estruturação do programa. Encontrar fonte interessante para discutir o assunto decidido com o âncora não é tarefa fácil. Como já conversamos no capítulo anterior, a sumidade nem sempre é a pessoa ideal para comunicar algo. Encontrar quem fale bem e com conhecimento de causa é garimpar em mina de ouro e o mapa, nesse caso, é uma agenda selecionada e criteriosa.

Não basta ter nomes que preencham as páginas de A a Z. É preciso que tenham notório saber ou representem uma instituição que seja referência no segmento. Na área médica e do Direito são comuns especialistas sempre prontos para atender ao convite de um jornalista. Muitas vezes, trata-se de interesse eminentemente comercial, pois são porta-vozes de clínicas ou escritórios particulares.

Até hoje, o fato de estar à frente de grupos do Terceiro Setor dá à fonte caráter nobre que, muitas vezes, não condiz com a realidade. Organizações não governamentais são abertas à toda hora, muitas com o discurso da "utilidade pública", mas tendo como objetivo a exploração das pessoas, política e economicamente. Portanto, antes de cair no conto da ONG saiba quais os trabalhos que esta desenvolveu em benefício da sociedade.

Profissionais que ocuparam cargos de relevância com desempenho destacado devem integrar a agenda de entrevistados. No entanto, se estiverem ligados a instituições particulares, seja como funcionários, sócios ou desenvolvendo atividades de consultoria, é importante informar ao ouvinte para que ele tenha condições de avaliar o grau de independência da fonte e identificar a que interesses a mesma está a serviço.

Para a prestação de serviço é recomendável que o convidado não tenha interesses comerciais ou políticos no que se refere ao tema em discussão. Isso pode gerar orientações tendenciosas. Entre um advogado especializado em direito do consumidor e um representante do órgão público que atue no setor, prefira o segundo, que tende a ser mais isento ao opinar.

JORNALISMO ENTRE ASPAS

Uma das crises de consciência que enfrentei na profissão foi em meus primeiros anos na redação da Rádio Guaíba de Porto Alegre. Tinha acabado de sair do departamento de esportes para trabalhar no de jornalismo por entender que a diversidade de assuntos abriria fronteiras no meu conhecimento. Do ponto de vista filosófico, muito interessante. Nem tanto na prática. A rotina era frustrante. Chegava na redação e recebia uma tira de papel com uma sequência de tarefas a serem cumpridas. Ouvir

104

o presidente da associação comercial, o representante dos produtores agrícolas e o líder de um sindicato de trabalhadores qualquer sobre a última medida econômica anunciada pelo governo. Sentava-me diante do telefone e, com a agenda na mão, disparava ligações para os escalados do dia. Duas ou três perguntas depois, repassava para a lauda a declaração do entrevistado, que se transformaria em notícia no programa a seguir. Às vezes, gravava entrevista para um boletim que seria usado em um dos noticiários da emissora. A cada entrevista, me perguntava: para quem serviria aquela informação? O que mudaria na vida do cidadão? Imaginava que uma nota sobre o trânsito poderia ser mais importante do que a palavra do executivo. Afinal, levaria o motorista a escapar de um enorme congestionamento, evitando, quem sabe, chegar atrasado ao escritório, perder uma reunião estratégica na empresa e, por isso, até ser demitido. Minha sensação era a de que deixara de ser jornalista para atuar como "leva e traz". De que, em vez de agir como repórter, assumira o papel de porta-voz de empresários e dirigentes sindicais. O uso constante desse método, que caracterizo como "jornalismo entre aspas", mostrava-se enfadonho e sem propósito.

Na época responsabilizava a estrutura da emissora, que não me oferecia espaço para coberturas jornalísticas em campo, limitando minha ação a um telefone. Com o tempo notei que minha inexperiência e a falta de conhecimento dos temas abordados me impediam de argumentar com maior profundidade, e de questionar as afirmações dos entrevistados.

> No rádio, ninguém mais pergunta, todos questionam. Atenção: as duas palavras não têm o mesmo significado. Questionar é discutir, rebater, levantar questão. Perguntar é interrogar, inquirir, interpelar. Portanto, em vez de "o deputado ao ser questionado, respondeu..." diga "o deputado ao ser perguntado, respondeu...".

Hoje entendo que a informação, mesmo colocada entre aspas, pode ter relevância, mas a reportagem não deve se restringir às declarações. Telefonemas são importantes, mas o repórter precisa sentir o cheiro da rua para, com a sensibilidade que a experiência jornalística apura, perceber a notícia no ar.

No rádio, a ideia do "jornalismo entre aspas" incorre em outro erro, do ponto de vista técnico. No texto, afirmações reproduzindo a frase do entrevistado devem ser evitadas a todo custo. Esse recurso, que funciona muito bem em jornais, revistas e livros, transfere para o locutor frases de terceiros, provocando dúvidas no ouvinte. Quem disse: "este é um governo corrupto" foi o apresentador do programa ou o líder da oposição?

O texto não deve reproduzir, também, expressões grosseiras e obscenas, apesar de terem sido ditas por uma autoridade. Noticie que fulano de tal disse palavras de baixo calão, mas não reproduza as palavras. É uma questão de respeito com o ouvinte.

O jornalismo declaratório é restrito e indolente, usado, muitas vezes, para forjar imparcialidade. Ao resumir o trabalho a esse modelo, o jornalista abre mão do contrato informal assinado com o cidadão no início da carreira. Apurar informações com as fontes, e checá-las antes de levá-las ao ar, é um compromisso ético que o profissional da notícia assume com o ouvinte. Situação mais grave é quando "entre aspas" estão relatórios que apontam para um culpado. Aqui, por sinal, encontra-se mais uma dessas distorções na sociedade informacional, em que as fontes correm atrás dos jornalistas. Em vez de a reportagem ser resultado de trabalho investigativo desenvolvido pela redação, dossiês são produzidos por setores organizados, por pessoas ou grupos com interesses políticos e econômicos, que usam dados de origem duvidosa e os reúnem de maneira tendenciosa, com a intenção de atingir a alguém ou a alguma instituição. Esse material é então enviado a um determinado veículo para ser publicado; uma escolha que, certamente, não teve nada a ver com os olhos azuis do repórter. A intenção é usar o rádio, o jornal, a televisão e a internet como instrumento. Receber não é pecado, mas publicar sem investigação, como se fosse reportagem pronta e acabada, é falta de ética.

O jornalista tem o dever de aprofundar as informações recebidas. Checar documentos, averiguar a procedência, comparar informações, conversar com os personagens envolvidos, direta ou indiretamente, são alguns dos artifícios à disposição para transformar o dossiê em notícia ou, simplesmente, jogá-lo no lixo, se comprovada a falsidade. Por não agirem dessa maneira, em muitos casos, jornalistas e veículos são alvo de críticas da sociedade, acusados pela imprecisão na denúncia apresentada. Esta, aliás, é a origem de muitas das queixas de que os meios de comunicação são adeptos à prática do "denuncismo".

Nesse cenário, corre-se o risco de criar terreno fértil para medidas que têm como objetivo cercear o trabalho jornalístico. Cada vez que cometemos erros dessa ordem em uma reportagem, avança o discurso conservador e autoritário daqueles que enxergam nas liberdades de imprensa e de expressão do pensamento ameaças à manutenção dos privilégios. Em nome de coibir os excessos cometidos pelos jornalistas, tais pessoas defendem a imposição de regras para limitar e controlar a ação dos veículos de comunicação.

O jornalismo investigativo tem de ter espaço privilegiado nas redações. No rádio, deveria ser incentivado para revitalizar a credibilidade das emissoras jornalísticas. É verdade que as próprias fontes preferem "vazar" informações para veículos com mais impacto na opinião pública, como é o caso da televisão. Sabem que notícia publicada no telejornal da noite vai repercutir em todos os meios de comunicação no dia seguinte. Mas cabe aos jornalistas de rádio mudar esse quadro, investindo em reportagens aprofundadas. Note que investigar não significa denunciar. Muitas vezes, trata-se de descobrir algo novo, exclusivo, importante à sociedade.

Reportagem que revela ações prejudiciais ao cidadão é útil, pois impede o preconceito, o desrespeito aos direitos humanos e a corrupção, entre outras mazelas. A imprensa que realiza esse papel ajuda a depurar as relações entre público e privado, que nem sempre são baseadas na ética. É dever do jornalista, contudo, evitar excessos e encontrar mecanismos que o impeçam de cometer injustiças, levado pelas exigências do mercado. É preciso estar ciente de que o jornalismo só tem razão de ser quando realizado dentro de padrões que respeitem o direito à privacidade e ao contraditório, ou que não se prestem ao sensacionalismo.

> O princípio do contraditório é básico no jornalismo. Jamais permita que um tema seja discutido sem que sejam oferecidas às partes envolvidas as mesmas oportunidades para argumentações e justificativas. Se duas opiniões são muito divergentes, convide os dois lados a debater publicamente na emissora. Quando uma das partes não puder ser ouvida, deixe claro o motivo que levou a essa situação.

Mais importante ainda: é fundamental aos jornalistas e veículos abandonarem a arrogância que costuma contaminar o setor e terem coragem de assumir os próprios erros. Uma reportagem mal apurada, com informações que não estejam em sintonia com a verdade e, por isso, causem prejuízo à reputação de alguém ou de uma instituição, exige pedido de desculpas público. Essa atitude tem de partir da própria organização jornalística, antes mesmo de a vítima requerer a reparação. Não se deve esperar que o cidadão solicite o restabelecimento da verdade. Muitas vezes ele não tem sequer noção do direito que lhe cabe. Foi educado de maneira a pensar que justiça só existe a quem tem posse ou poder.

Se errar é ruim, não assumir o erro pode ser fatal. Parte da pressão de grupos organizados que pedem limites no comportamento dos veículos de comunicação está ligada a essa arrogância. Ideias reacionárias podem ser combatidas se a opinião pública entender que a liberdade de imprensa é uma garantia dos direitos, não uma ferramenta para injustiça social.

Portanto, não dá mais para se valer do "desculpe nossa falha" apenas quando a reportagem apresentar problemas técnicos. É preciso, também, assumir os desvios éticos.

DA IMPARCIALIDADE À MENTIRA

Logo cedo, em uma redação de rádio, o chefe de reportagem, com base em temas selecionados pela pauta, decide quais assuntos receberão cobertura jornalística, escalando repórteres para cada um desses. Quase ao mesmo tempo, o produtor discute por telefone com o âncora quais notícias terão destaque no programa. Algumas podem ser assunto para comentários, outras, apenas redigidas em notas. Existem, ainda, as que merecem análise mais aprofundada, com a realização de entrevistas. O repórter na rua escolhe o personagem com quem vai gravar e quais perguntas serão feitas para ilustrar a reportagem. O editor, por sua vez, avalia o "ponto de corte" de uma fala.

Em todas as situações, uma escolha. Do chefe de reportagem à pauta, do âncora ao repórter, todos têm de adotar uma decisão que, no rádio, não pode esperar, é imediata. A ação tem por base o subjetivo critério jornalístico, evocado sempre que se tenta explicar o porquê de a emissora estar com sua equipe aqui e não acolá. Ou ter investido tanto tempo de sua programação a este e não àquele tema. Com tantas preferências em jogo, torna-se difícil defender a tese da objetividade, apontada como virtude essencial do jornalismo. Trata-se de uma ideia surgida há três séculos quando Elizabeth Mallet, fundadora do jornal inglês *Daily Courant*, em 1702, convidou o jornalista Samuel Buckley para a direção do diário. Em uma época conturbada da monarquia britânica na qual as informações não se resumiam às relações amorosas de príncipes e princesas – como atualmente – e o reino se envolvia em uma sequência de guerras, ele implantou a fórmula que seria copiada mundo afora: com o lema *only news, no comments* (só notícias, nenhum comentário), Buckley separou as notícias dos comentários.

Para que o modelo funcionasse, oferecendo os fatos de maneira objetiva, era exigido dos repórteres apuração minuciosa da informação e rigor na escolha das fontes, o que resultava em controle sobre a qualidade do jornalismo. O *Courant*, assim, não foi apenas o primeiro jornal essencialmente político do mundo; foi, também, o primeiro essencialmente noticioso.

Desde então, a tal objetividade é cobrada dos jornalistas. Reivindicação que surgiu não apenas como exigência da redação, mas do próprio público. No rádio, verifica-se tal intenção na maneira de escrever a notícia, com base no modelo que o *Repórter Esso* trouxe para o país. Frases na ordem direta, períodos curtos e sem espaço para adjetivos. A locução dava forma ao estilo, limitando quase toda a expressão da fala. Como se a seleção dos fatos transmitidos e a própria ordem com que eram apresentados já não anunciassem uma ideia.

A imparcialidade é confundida com isenção e a objetividade, com correção. O cidadão nasce, vive, convive, aprende, entende e pensa. Em cada etapa desse processo, sofre influência. Cria as próprias teses. Desenvolve ideias ou as copia. O jornalista tem seus valores, toma partido, torce, vibra, ora, preza, desgosta, ama e odeia. Como impedir que esse caldeirão cultural não se reflita na reportagem apresentada?

A meta tem de ser outra. Ao jornalista cabe a isenção ao executar seu trabalho. Palavra que nos dicionários é usada como sinônimo de imparcialidade, mas que, na cobertura jornalística, vem a ser o exercício intelectual da busca da verdade por meio da apresentação do contraditório e da abertura de espaço para os diferentes pontos de vista. É a caminho da isenção que se afasta o risco de os meios de comunicação se transformarem em veículos panfletários, instrumentos de grupos econômicos, políticos e religiosos.

Nessa discussão, o jornalista de rádio não pode cair na armadilha de acreditar que ouvir os dois lados basta para se mostrar isento. Essa postura é muito cômoda. O profissional tem de questionar e contrapor pensamentos divergentes – sem a intenção de fazer futricas ou criar controvérsia apenas pela controvérsia, o que se caracterizaria como sensacionalismo.

É preciso se indignar, também, porque o distanciamento completo do fato pode levar à indiferença que se refletirá na falta de empatia com o público. Ao noticiar que vândalos invadem uma biblioteca e colocam fogo destruindo livros, ou que o idoso é obrigado a se expor em extensas filas para garantir atendimento em serviço público, não se pode reagir da mesma maneira com que se informa à população que o inverno começa dentro de uma semana.

Indignação, vamos deixar bem claro, nada tem a ver com os discursos populistas que assistimos nos programas policialescos de rádio e televisão, nos quais o cidadão não é respeitado, apesar de, muitas vezes, se identificar com aquela retórica.

O jornalista não pode se deixar influenciar pelos preconceitos que emanam da sociedade principalmente em momentos em que esta se encontra acuada pela violência. Ele tem obrigação de levar ao público elementos que mostrem a necessidade de se preservar o respeito aos direitos humanos, defender um comportamento ético e aceitar as diferenças, mesmo que essas ideias, em situações críticas e de perda de valores, não soem simpáticas para determinado público.

AGILIDADE E PRECISÃO

Fazer a escolha certa tem a ver com o comportamento ético. No jornalismo, a todo instante, como vimos anteriormente, se elege assuntos, se escolhe personagens e, a partir dessas decisões, podemos mudar o destino do cidadão. Qualquer dúvida quanto a isso, analise o caso da Escola Base, quando seis pessoas foram acusadas de abuso sexual de crianças, em 1994. Uma imprensa sedenta por escândalo, um delegado de polícia deslumbrado com os holofotes e pais desnorteados com a sequência de fatos, construíram um dos capítulos mais vergonhosos da mídia brasileira. Após enxurrada de erros, comprovou-se que os denunciados eram inocentes. Tarde demais, a vida daquelas pessoas estava condenada para sempre.

Jornalistas envolvidos na cobertura, a maioria pelo menos, esqueceram-se da regra básica na apuração dos fatos: o rigor na escolha das fontes. A embaçar a visão desses profissionais estava a pressa em encontrar manchetes em vez de procurar notícia.

Desculpe-me se volto ao tema da Escola Base. Sei de professores e cientistas da comunicação que estão cansados de ouvir falar sobre o assunto. Para eles, ao reproduzirmos com tanta frequência o caso, damos a entender que essa teria sido a única distorção ética promovida pelo jornalismo moderno. Não é, infelizmente. Ao retomarmos o fato neste livro ou em qualquer outro trabalho jornalístico, ainda que superficialmente, talvez o façamos como penitência a um pecado capital.

A qualidade da notícia tem relação com o nível de confiança de nossos informantes e a exatidão das informações apuradas, mas, também, com a velocidade em que essas são levadas a público. Em veículos como o rádio e a internet, a importância de se combinar agilidade com precisão é determinante para o sucesso.

Lembro-me de duas boas histórias contadas por gente do rádio. Casos que ilustram bem a equação a ser resolvida pelo jornalista no exercício da profissão. Também têm origem em gafes, mas com consequências mais amenas do que as provocadas pelo caso da Escola Base. Ambas me foram contadas isoladamente e apenas provocaram uma boa gargalhada na época. Algum tempo depois, as encontrei em um mesmo artigo assinado pelo jornalista Heródoto Barbeiro, na revista *Imprensa*, quando ganharam um novo sentido.

Heródoto apresentou os personagens dessas histórias com nomes fictícios, não sei se temendo ser processado por danos morais ou cobrado por direitos autorais. Uso da mesma cautela ao reproduzi-las neste livro.

O primeiro é José de Arimateia, jornalista experiente que atravessava a madrugada na redação da rádio, período em que todos os loucos estão à solta e dispostos a informar a morte de alguma personalidade. Precavido, Arimateia era adepto de um velho ditado aprendido logo que se iniciou na carreira: "anunciar morte, só com atestado de óbito". Foi assim que escapou de transformar em notícia boatos de falecimento de gente importante da época. Certo dia ligaram para o Arimateia e anunciaram a morte do deputado Ulysses Guimarães. Ele anotou e deixou para checar a informação depois do café. O comunicador da madrugada chegou para apresentar o programa, pegou a nota sobre a mesa do colega e leu no ar. Notícia daquela importância não poderia esperar para mais tarde. Pouco tempo depois, novo telefonema. Era dona Mora, mulher de Ulysses, pedindo para a emissora parar com aquela bobagem, o marido dela estava vivo e muito bem de saúde. Sobrou para o Arimateia que, ao não apurar a notícia na hora certa, permitiu o engano do locutor.

O segundo personagem é Leonardo Góis, com quem jamais um fato desse ocorreria. Jornalista da antiga, de voz marcante e bigode não menos expressivo, ele havia se consagrado pela agilidade em dar as informações. Sua estratégia era ficar atento às notas publicadas nas agências de notícias que chegavam pelo teletipo – espécie de computador da idade da pedra lascada por onde se recebiam as informações, principalmente do exterior. Mal o texto saía da máquina, ele levava ao ar. Seu lema: "os teletipos não mentem jamais".

Um santo dia, Leonardo Góis ouviu o sinal e correu para a sala onde estava o maquinário. De um deles vinha a notícia: "Cidade do Vaticano – Urgente. O papa João XXIII morreu esta manhã". Góis arrancou o papel, correu para o estúdio, pediu a vinheta de "plantão" e anunciou, em primeira mão, a morte do papa. Ao chegar de volta à redação, peito estufado e orgulhoso, novo sinal do teletipo, nova informação: "Cidade do Vaticano – Urgente. O papa João XXIII está neste momento em audiência pública na Praça de São Pedro, em Roma. Desconsiderem notícia anterior". O mundo parecia ter desabado para Góis, que foi obrigado pelo chefe do departamento de notícias a seguir para o estúdio e fazer desmentido público. Os argumentos de que era melhor deixar para lá, afinal nem todos tinham ouvido o plantão, não convenceram o superior. Abalado, Góis mandou ligar o microfone e se saiu com essa: "Lamentamos informar, mas o papa João XXIII não morreu".

Os dois personagens, Arimateia e Góis, pagaram suas falhas com o emprego. Erros cometidos a serviço de conceitos fundamentais para o radiojornalismo, mas que não podem andar dissociados. Durante muitos anos, o rádio abriu mão da exatidão da notícia, entendendo que sua qualidade estava em levar a informação o mais rápido possível ao ouvinte. O preço cobrado por essa opção foi alto. Perdeu credibilidade. Demorou a entender que a tarefa principal de seus profissionais era equacionar o problema: noticiar com precisão e agilidade.

O rigor na escolha das fontes é fundamental na busca da solução para esse dilema, que já foi apenas do radiojornalismo. Nos demais veículos, como jornal e revista, a cobrança não era tão intensa, dadas as respectivas características. Ao agregar tecnologia, a televisão entrou nessa corrida também. Não se espera mais a próxima edição do telejornal se algo importante estiver ocorrendo. É possível levar uma notícia ao ar com mais agilidade hoje do que há cerca de dez anos.

No entanto, ninguém se compara ao rádio tanto quanto a internet. Essa nova mídia provocou no público um comportamento que, às vezes, o leva à beira da impaciência. Quem navega quer a informação no primeiro clique e reclama se precisar de um segundo a mais. É a cultura do *on demand*, expressão inglesa que pode muito bem ser adaptada para o português como "à disposição". Do outro lado do balcão – ou do computador – o jornalista se contorce para oferecer a notícia em tempo real.

O mesmo processo de descrédito enfrentado pelo rádio, ao atropelar a apuração para atender à demanda de consumo, passa agora à internet que, como veículo de comunicação, tem o menor nível de confiabilidade se comparado aos demais. Assim como o rádio, a recuperação dependerá da conscientização de que pior do que noticiar atrasado é noticiar errado.

Em *Procura-se: ética no jornalismo* (Editorial Nórdica, 1993), H. Eugene Goodwin, pesquisador e professor da Universidade da Pensilvânia EUA, lembra uma frase comumente encontrada nas redações dos jornais americanos: "Seja o primeiro, mas primeiro esteja correto".

A construção de uma rede de fontes, com pessoas de alta confiabilidade e de acesso imediato, é uma das melhores maneiras de controlar a qualidade da informação. Ao jornalista cabe a cautela no trato com a notícia, por mais excepcional que pareça ser. Evitar a publicação de um fato por duvidar da veracidade ou por entender que há falta de equidade pode não render prêmios nem consagração popular, mas o fará um profissional mais responsável. Nada vale mais do que ser ético.

REPORTAGEM, A ALMA DO NEGÓCIO

Mais do que uma brincadeira com a turma da publicidade, o título deste capítulo é uma verdade nas rádios jornalísticas – assim como nas televisões, jornais, revistas e internet. É na reportagem que o jornalismo se diferencia, levanta a notícia, investiga fatos, encontra novidades, gera polêmica e esclarece o ouvinte. Fora dela, sobra pouco do ponto de vista da criação, quase tudo se resume à cópia. O repórter é a síntese do jornalismo, nele se personifica o profissional que vive em busca da informação. Função que não é exercida apenas por aquele que está na rua, microfone em punho, à caça de histórias interessantes para serem contadas.

Desde que comecei a apresentar programas jornalísticos, e isso foi em 1994, na TV Cultura de São Paulo, ouço a mesma pergunta: você não sente saudade da reportagem? Não sinto, não. Mesmo porque reporto notícias diariamente seja em entrevistas, debates, na conversa com o comentarista seja na leitura das informações. O âncora é um repórter privilegiado porque tem a chance de dar personalidade ao programa, a partir da discussão da pauta e da decisão sobre a maneira como abordar os temas.

É preciso ficar claro que todo jornalista faz reportagem. Na produção, ao levantar dados para uma entrevista. Na pauta, ao buscar informações para montar um roteiro. Na escuta, ao fazer o rastreamento do que acontece no dia. A qualquer momento, em edição extraordinária. Esteja em serviço ou não, o jornalista tem de estar atento para os fatos que, potencialmente, são notícia e podem interessar ao público.

Evidentemente, a figura do repórter tradicional é imprescindível para o funcionamento de uma rádio jornalística, apesar destas terem o costume de ancorar a programação nos apresentadores. A fala do local do acontecimento, influenciada pelos fatos que ainda se desenvolvem, dá calor e emoção à transmissão. Seduz o ouvinte e oferece credibilidade. Ninguém tem dúvida de que a notícia de uma rebelião lida dentro do estúdio não tem o mesmo impacto do que se estivesse sendo contada do portão do presídio.

É surpreendente que algumas emissoras decididas a investir em jornalismo impeçam seus repórteres de sair da redação sob o argumento de que a mesma informação pode ser apurada por telefone a um custo muito menor. Cobertura jornalística custa dinheiro e, apesar da credibilidade que tem com o público, não é produto fácil de vender, principalmente no rádio. Se o propósito é oferecer informação de qualidade, o lugar do repórter é na rua.

UMA BOA NOTÍCIA

Emoção e empatia são dois conceitos que integram qualquer receita de boa reportagem em rádio. Por isso, não se deve abrir mão de apurar os fatos no local dos acontecimentos, e nem do contato com o público. Nessa relação, sentimos a pulsação das pessoas, entendemos o que elas pensam. Assim, o repórter é capaz de encontrar bons personagens dando vida ao trabalho jornalístico. O cidadão costuma entender melhor os temas quando se reconhece neles.

Se bem explorados – cuidado com o sentido que você dá a essa palavra – os personagens podem ser determinantes para uma reportagem de qualidade. Mas o repórter deve ter cuidado com a ânsia de encontrar gente que ilustre a notícia. Boa parte das frases históricas nunca foi dita pelos supostos autores, mas editada pelos escritores. Em busca dessas frases, não se deve forjar uma situação, nem pedir para que o entrevistado diga isso ou aquilo. Perguntas e abordagens benfeitas são as ferramentas do repórter para chegar ao depoimento que fará diferença no trabalho publicado – regra que vale para entrevistas com personalidades ou populares.

O repórter tem de ser capaz de se envolver no tema sem ser consumido por este. Não é possível determinar qual a distância ideal a ser mantida entre o sujeito e o fato. Falamos de coisas subjetivas, que não se resolvem com a fita métrica, mas com a experiência. Lágrimas, desgraças e miséria humana são recheadas de emoção, porém esse não é o caminho para uma reportagem de qualidade. Podem ser componentes de uma situação que será relatada ao público, no entanto, não devem ser explorados, sob o risco de uma sensação ser transformada em sentimentalismo. O objetivo não é provocar repulsa, é levar à reflexão.

O começo de uma reportagem está no tema que, se for original, surpreende e fisga o ouvinte, sem necessidade de recursos eticamente discutíveis para chamar a atenção do público. O ineditismo pode não estar no título da pauta que se tem de cumprir, mas na abordagem. Existem algumas que são cíclicas, principalmente as relacionadas às datas históricas ou feriados. Um bom repórter tem capacidade de encontrar nesses assuntos curiosidades que, apesar de estarem diante dos olhos de todos, apenas os mais atentos percebem.

Durante uma coletiva, geralmente o repórter procura notícia no que diz o entrevistado; o bom repórter, na maneira como este se comporta.

Para produzir uma boa reportagem, a originalidade do tema deve ser acompanhada da criatividade no tratamento da notícia. Esta, relacionada à forma, aquela, ao conteúdo. Ambas devem se contrapor ao lugar comum e à burocracia, que contaminam o radiojornalismo sob a justificativa da falta de tempo para elaborar coisa melhor. Nesse sentido, aliás, incomoda ver que os trabalhos realizados nas universidades tendem a copiar o que é produzido nas emissoras. Que se use como referência os profissionais, mas a faculdade tem de ser um laboratório e funcionar como palco de experiências.

Todos os elementos tratados até aqui, importantes para o sucesso de uma reportagem, podem se perder se o texto não for construído de maneira clara e escrito corretamente. Acertar a flexão do verbo ou pronunciar as palavras como manda o manual são questões inegociáveis. Mas, apesar de essencial, seguir as normas da Língua Portuguesa não basta. O texto tem de ter coerência, não pode omitir ou se contradizer.

Na pressa para redigir ou improvisar, e na falta de trato com as palavras, costuram-se mal as frases, tornando a fala sem pé nem cabeça.

A clareza no texto está ligada, ainda, ao vocabulário escolhido pelo repórter para contar a história. O discurso simples, direto e objetivo às vezes é deixado de lado em nome de uma pretensa erudição.

Emoção, empatia, personagens, tema original, criatividade, clareza e correção no texto são elementos que fazem uma boa reportagem a partir de uma notícia. Sem esta, nada feito.

DA GILETE AO COMPUTADOR

Capitão Erasmo Nascentes tinha estatura que não lhe cabia no nome nem no cargo. Franzino, de mãos pequenas, sabia como poucos redigir textos para os noticiários da Rádio Guaíba, de Porto Alegre, onde era o diretor de jornalismo, nas décadas de 1960 e 1970. Apesar de minhas visitas frequentes à emissora, proporcionadas por meu pai, que trabalha por lá até os dias de hoje, poucas coisas daquele tempo ficaram guardadas na memória. Porém, não esquecerei jamais o dia em que "o capitão" assoou o nariz com uma lauda mal redigida. Gesto eloquente que revelava sua indignação com o desrespeito à Língua Portuguesa.

O rádio não teve, infelizmente, tantos capitães letrados nas redações para impedir o caos ortográfico em que estas se transformaram. Seus profissionais não apenas permitiram a reprodução de erros comuns da língua popular, como deixaram o texto radiofônico ser contaminado pela língua escrita ao copiá-la dos jornais. Durante anos, imperou o "gilete-press" – as reportagens eram recortadas com uma lâmina de barbear e grampeadas na lauda que seria lida pelo apresentador. Com a chegada da informática, outra praga: o "control c + control v". Ninguém mais redige, só copia e cola, copia e cola, copia e cola... Tantas vezes quantas forem necessárias.

O jornalista catalão Iván Tubau, professor do Departamento de Jornalismo e Ciências da Comunicação da Universidade Autônoma de Barcelona, em seu livro *Periodismo oral* (Paidós, 1983), ensina que "ao escrever para quem ouve, deve-se escrever como quem fala".

O redator de rádio tem de levar em consideração que a notícia será falada; não pode se prender ao texto escrito do jornal, da agência de notícias ou internet, fontes de sua redação. Precisa recriá-lo. No rádio, assim como na televisão, a compreensão tem de ser imediata. Não se dá ao ouvinte o mesmo direito que o leitor tem de voltar atrás sempre que alguma ideia não for percebida. A fórmula funciona desde os tempos do *Repórter Esso*. O texto tem de ser objetivo, escrito de maneira clara e direta. Ao redator, cabe encontrar a palavra certa, com a qual vai seduzir o público. Aquela que se fará entender logo que pronunciada. A escrita radiofônica é melhor quando simples e curta, nunca usando duas palavras onde se pode ter apenas uma. Sem parlapatice. Tubau sugere aos redatores que escutem à gente:

"Quem escreve para rádio e televisão deve ouvir a algaravia da rua, ordená-la e limpá-la um pouco e devolvê-la levemente melhorada a seus emissores primigênios, procurando que estes a sigam conhecendo como sua"

O texto do rádio empobreceu. O da televisão, também. Perdeu o cidadão que, influenciado pelos meios de comunicação, não desenvolve o conhecimento da língua e tem vocabulário limitado. Para escapar das armadilhas montadas no caminho de quem redige textos radiofônicos, fica a sugestão para que assuma a posição do locutor e leia em voz alta o que escreveu. Logo entenderá que algumas palavras não cabem na boca, soam estranhamente e são difíceis de entender. Vai identificar as frases longas e as que estão em ordem indireta. O ouvido é um ótimo conselheiro.

Sem esse esforço da redação, resta arrancar das mesas os computadores, devolvendo ao jornalismo as velhas máquinas com as quais seremos obrigados a datilografar as notícias. Teremos de pensar sobre o que escrevemos.

Como as lâminas de barbear já não são encontradas facilmente, talvez demoremos mais para entregar nossos textos, mas o faremos com um português à altura de nosso idioma.

VOZ E FALA

Microfones, transmissores e receptores de baixa qualidade decretaram o rádio território exclusivo dos homens de boa voz. Nos primeiros anos, era preciso ser bom de gogó para trabalhar como radialista. A fala competia com chiados e descargas elétricas. Apenas o tom mais grave atendia às necessidades do público que, sentado à frente do aparelho, acompanhava entusiasmado a programação radiofônica e idolatrava os locutores fantásticos e suas gargantas maravilhosas. As décadas se passaram, os equipamentos eletrônicos avançaram tecnicamente, mas o mito do vozeirão permaneceu.

A apresentação dos noticiosos se caracterizava pela leitura cadenciada, quase no ritmo da marcha militar, com palavras exageradamente articuladas. A voz era empolada, sem expressividade. Um modelo de comunicação que na década de 1950 foi importado pela televisão. Primeiro, porque o rádio era a escola dos locutores de telejornal; segundo, para encobrir a pobreza de imagens. Pelo menos até fim dos anos 70 os apresentadores preferiram impressionar a interagir.

Foi na televisão que se iniciou uma nova forma de falar com o público. Nos anos 80, a abertura democrática mudou o comportamento das pessoas, que passaram a cobrar dos jornalistas maior comprometimento com o cidadão. O tom artificial da leitura de notícias foi substituído pela naturalidade, gradualmente. Os apresentadores saíram do alto do pedestal para se aproximar da audiência. Trocaram o discurso pela conversa. Baixaram o tom da voz, mesmo porque os recursos tecnológicos não exigiam mais tanto esforço vocal.

A fala ainda é o principal instrumento para comunicação no rádio e não deve deixar de ser, pelo próprio perfil do veículo. Os demais elementos da mensagem, como efeitos sonoros, som ambiente e música, lá estão para, quando necessário, valorizar o que é dito. Ter boa voz ou ser bom de gogó ainda é preciso. Conceito, porém, não mais definido como antigamente. A mudança no padrão radiofônico exigiu profissionais mais articulados, que entendessem o conteúdo da informação e soubessem interpretar o texto, oferecendo ao público a notícia com a devida importância.

Se o redator tem de encontrar a palavra certa para contar uma história, o apresentador tem de perceber o valor de cada uma dessas palavras. Por isso precisa entender o que está escrito e dominar os temas tratados no noticiário. Compreendendo, transmite com precisão e informa com clareza. A impostação vocal é fundamental nesse processo, à medida que a emissão da voz pode fazer com que uma mesma frase assuma sentidos diferentes. Note a importância de dominar essas técnicas, haja vista que quem tem o domínio da voz muda a intenção do discurso, por mais objetivo e imparcial que este pretenda ser.

A ênfase tem de ser dada nas palavras-chave, importantes para o esclarecimento da notícia. É como pegar um texto escrito e sublinhar expressões que devem chamar a atenção do público. Aliás, era assim que os apresentadores faziam nas laudas, antes da introdução dos computadores. Na leitura da notícia, o grifo na palavra é feito com o reforço da intensidade da voz, articulação mais precisa e velocidade mais lenta, conforme ensina a fonoaudióloga Leny Kyrillos, em *Voz e corpo na TV* (Globo – 2003). Ela explica que intensidade da voz é o volume que pode variar de muito fraco a muito forte, cabendo ao apresentador encontrar o meio-termo. No rádio, quem está por perto é o ouvinte e ele vai sentir o mesmo desconforto que seu vizinho se você gritar.

Não sabendo, claramente, qual a palavra mais importante de uma frase, seja por ignorar a informação, seja por insegurança na prática da apresentação, se exagera na ênfase, dificultando o entendimento.

O que mais prende a atenção do público não é tanto o que se diz, mas como se diz. Nesse processo, a voz é a principal ferramenta para conquistar o ouvinte, que tende a se dispersar devido à enorme quantidade de informações que concorre com a mensagem que transmitimos. Por isso, falar um pouco mais baixo e mudar o ritmo quebram a monotonia do discurso, convidam a pessoa a se aproximar do rádio.

A comunicação radiofônica abandonou a narração dramática dos fatos pelo tom coloquial, como se estivéssemos em uma conversa a dois. Isso é uma verdade. Mas jamais reproduziremos a naturalidade da fala espontânea. Ao emitirmos mensagem pelo rádio, televisão ou em um discurso em público, enfrentamos uma situação artificial de comunicação, como citado anteriormente. O segredo está em desenvolver, a partir de um padrão construído da fala, técnicas que nos aproximem do padrão espontâneo.

EXPRESSIVIDADE E SEDUÇÃO

Programas de rádio têm características próprias. A síntese noticiosa exige narração mais veloz, enquanto a apresentação de um radiojornal pode ser mais cadenciada. A notícia anunciada pelo repórter também varia segundo as condições a que este estiver exposto. Em uma nota lida no estúdio, a fala deve ser mais tranquila. Se cobrir um levante civil, certamente deverá refletir na voz a situação de estresse que vivencia. O estilo das emissoras também interfere na forma de se comunicar. As populares permitem discurso mais solto e, geralmente, em intensidade mais forte do que as voltadas para as classes A/B – estas exigem comedimento. Identificar o público e a situação em que se transmitirá a mensagem são fundamentais para a boa atuação do repórter ou apresentador.

Cada um dos cenários citados tem seu padrão não verbal específico, responsável por 80% da comunicação. Podemos modular o tom da voz, dar maior intensidade à fala ou mudar o ritmo, emprestando à comunicação oral novos significados. Adaptar esses elementos à notícia, ao programa e à emissora é necessário para que o jornalista de rádio dialogue com o ouvinte. O bom comunicador identifica seu público e conversa com ele em um mesmo nível. Tem a obrigação de acrescentar informação e conhecimento a essas pessoas, mas deve se ater às condições socioculturais da audiência, sob risco de não encontrar receptores para a mensagem transmitida.

A aproximação com a audiência deve levar em consideração valores e convicções que constituem a personalidade do profissional. Forjar um comportamento para criar tal cumplicidade provocará dilemas de consciência, que refletirão na qualidade do trabalho apresentado. Portanto, o jornalista tem de ser transparente consigo mesmo e verificar se as exigências daquele grupo com quem precisa compartilhar a notícia estão à altura de sua capacidade ou formação. Um excelente exercício é não subestimar a audiência.

Nesse jogo de sedução, em que o jornalista exerce o papel de conquistador, os elementos não verbais devem ser desenvolvidos com o mesmo apuro que dedicamos à construção do texto. Esses componentes estão relacionados às características da voz, assim como à postura do corpo e aos gestos.

Para o escritor Nelson Rodrigues, a palavra não é o mais importante no diálogo: "é na pausa que duas pessoas se entendem e entram em comunhão". Não dizer também faz parte do processo de comunicação. O silêncio informa e oferece interpretações ao ouvinte. É complemento da palavra ou muda-lhe o sentido. Calar-se após uma resposta pode revelar insatisfação, ironia, indignação ou consternação. O corpo também oferece expressão à fala, mesmo na transmissão da mensagem pelo rádio. Marcar a narração com o movimento das mãos é a forma mais comum para se entender a importância dessa dinâmica. A postura é outro elemento que melhora a projeção da voz. Sentado corretamente, com a coluna ereta e os pés bem posicionados no chão, o jornalista sente-se mais seguro para informar. Melhor ainda se estiver em pé, sem pressionar o diafragma, facilitando a respiração, com as pernas levemente separadas.

A fonoaudióloga Glorinha Beuttenmüller é pioneira na terapia da voz nos meios de comunicação. Ela começou na Rádio MEC, no Rio de Janeiro, em 1964, e se consagrou na TV Globo criando o "padrão global". Glorinha ensina que para manter uma postura equilibrada, transmitindo segurança, "você precisa ter os pés firmes e sentir o cóccix".

Poucos âncoras de rádio arriscam apresentar um programa em pé, deixando de lado a cadeira, nem sempre confortável para quem precisa falar por mais de uma hora. A experiência de falar em pé é interessante porque, além de saudável, torna a locução do programa mais espontânea. Há necessidade, contudo, de adequar o estúdio com mesas e cadeiras altas, além dos microfones de cabeça, os *headsets*.

> Cheguei a escrever "o chamado headset", mas apaguei imediatamente. A palavra virou praga. Nos meios de comunicação nada mais tem nome, tudo é chamado. No esporte, em vez de um simples escanteio, o locutor capricha no vernáculo: "é o chamado tiro de canto". Esse outro exemplo saiu de rápida pesquisa em um serviço de busca na internet: "ONGS, fundações, associações que compõem o chamado terceiro setor". Evite dizer com duas, o que pode ser dito com uma palavra.

Para transmitir credibilidade é preciso que todos os elementos da comunicação, verbal e não verbal, atuem no mesmo sentido e com harmonia. Um texto de qualidade e conteúdo identificado com o público; voz apropriada para a situação; articulação dos sons sempre precisa, ampla e sem exageros; e o corpo com movimentos espontâneos dão expressividade e tornam o discurso sedutor.

GOGÓ AQUECIDO

O homem vai ao púlpito, retira do bolso do paletó o "improviso", leva a mão à boca e dá duas tossidas. O salão, lotado de convidados que se esbaldam no coquetel, silencia. Senta que lá vem discurso. A cena é comum em cerimônias e se transformou em caricatura de oradores que aparecem em filmes ou peças de teatro. A mania começou porque as pessoas imaginavam que ao pigarrear ficariam com a garganta mais limpa, ajudando na fala. Ledo engano. A prática provoca lesão na corda vocal e prejudica quem usa a voz profissionalmente.

Esse é apenas um dos muitos erros destacados por fonoaudiólogos que desenvolvem trabalhos específicos para pessoas que dependem da voz para viver – um espectro muito maior do que se imagina, pois não se limita a jornalista de rádio ou televisão, político que discursa com frequência, professor na sala de aula, operador no pregão da bolsa de valores ou vendedor de feira livre. Atualmente, ter domínio sobre a fala é importante na carreira de qualquer pessoa, principalmente se esta ocupar um posto de comando.

Apesar de a voz ser primordial no rádio, foi com a televisão que se iniciaram as consultorias de fonoaudiologia. Uma distorção justificada pelo fato de que, nas redações de TV, sempre houve preocupação maior em relação à forma, às vezes em detrimento do conteúdo. Lá se desenvolveram técnicas que depois foram levadas para o rádio. A apresentação espontânea, quase como uma conversa, é exemplo sobre o qual, aliás, falamos em capítulos anteriores.

A terapia da voz nunca foi prioridade nas rádios, onde imperava a ideia de que profissional bom já nascia pronto. Não haveria o que aprender nem proteger. Houve iniciativas individuais, na maioria das vezes provocada por problemas de saúde vocal. Hoje, algumas emissoras incentivam seus funcionários a buscar orientação profissional e até contratam fonoaudiólogas, mas a prevenção ainda não faz parte da cultura de quem trabalha no setor.

Um repórter em plena cobertura jornalística atua em condições adversas. É exposto à carga de trabalho demasiada, sem horário regular, enfrenta diferenças de temperatura e situações de confronto que costumam gerar estresse e desgaste físico semelhantes aos de um atleta. Da mesma maneira que é preciso aquecer a musculatura com movimentos leves e repetitivos antes de correr, nadar ou levantar peso, quem usa excessivamente a voz necessita de exercício e treinamento.

De acordo com trabalho realizado pela fonoaudióloga Leny Kyrillos, há técnicas de aquecimento que devem se transformar em hábito para os "atletas da voz". Fazer movimentos de mastigação, com e sem som, de boca aberta e fechada; vibrar a língua e os lábios; emitir consoantes sonoras prolongadas – tais como v, z e j – em um mesmo tom e depois modulando do grave para o agudo e vice-versa são alguns dos exercícios recomendados. Ao persistirem os sintomas, procure um fonoaudiólogo, imediatamente.

Nesse trabalho de prevenção é preciso atentar para os adversários da voz. Cansaço físico e falta de água provocam incômodo para falar; o cigarro é ruim em todos os sentidos; as bebidas alcoólicas devem ser evitadas, principalmente as destiladas como uísque, vodca e conhaque; alimentos gordurosos, que dificultam a digestão, e café ou leite antes de atuar profissionalmente, provocam situações desconfortáveis. Falar em locais barulhentos, ficar exposto ao ar condicionado e enfrentar oscilação de temperatura, também.

Hidratar a garganta é importante para a qualidade vocal, por isso a água é sempre bem-vinda. Frutas duras preparam os músculos ao serem mastigadas. Alongar a musculatura do pescoço, região cervical e boca – bocejar pode ajudar muito – relaxam e tornam a fala mais agradável.

Quanto ao nosso orador, personagem que marca o início deste capítulo, recomenda-se abandonar o hábito de pigarrear antes de falar, substituindo-o por um saudável gole d'água. Mas tome com calma para não engasgar.

TEM BOI NA LINHA

As linhas de trem, antigamente, não tinham cercas nem muros em seu entorno e, nas áreas rurais, eram invadidas por bois que atrapalhavam a passagem dos vagões. Essa é a origem da expressão que, com o tempo, passou a ser usada para chamar atenção à presença de alguém estranho ou inconveniente ouvindo conversa alheia. No rádio, o "boi" entra na linha em situação diferente, mas incomoda da mesma maneira. Surge durante a entrevista, no momento em que o convidado começa a falar. O autor do "mugido" é o apresentador que faz barulhos inconvenientes diante do microfone, às vezes em tom afirmativo, reflexivo ou, ainda, exclamativo. O que chamo aqui de "mugido" são as intervenções do entrevistador que nada acrescentam ao ouvinte. Em vez de apenas esperar que o convidado dê sua opinião ou explicação, aparece ao fundo com expressões como "sim", "sei" ou "tá certo". Há casos em que se ouvem sons "hieróglifos", algo como "hahã", "mmm", "ahhh" e afins. Nunca entendi direito a necessidade de se agir dessa maneira. Talvez a intenção do apresentador seja mostrar ao entrevistado que está atento ao que é dito ou dar sinais de vida para o ouvinte. Imagino que em boa parte das vezes o recurso seja involuntário, apenas um cacoete.

Seja qual for o motivo, não justifica, porque não agrega valor à entrevista, atrapalha e irrita quando feito com frequência. Os "mugidos" passam a competir com a informação e tiram a atenção do ouvinte ao que realmente interessa. Se houver necessidade de intervenção na fala do entrevistado, é melhor que seja de forma direta, sem titubeio, de preferência com outra pergunta ou uma afirmação, dependendo do caso. Se o entrevistado se estende na fala, chame-o pelo nome e peça, gentilmente, que seja mais objetivo, explicando que o tempo para a entrevista é curto.

> Recomendação aos produtores: antes de iniciar a entrevista informe ao convidado o tempo disponível. Se você estiver do outro lado do balcão, ou seja, é o entrevistado, não se acanhe. Antes de ir ao ar, pergunte quanto tempo você tem para falar, evitando ser cortado abruptamente sem concluir o raciocínio.

O apresentador ou repórter tem de ter em mente que o microfone, no rádio, provoca o mesmo efeito de uma câmera de vídeo na televisão. Funciona como lente de aumento, ampliando qualidades e defeitos. O barulho se transforma em estrondo, enquanto a voz bem colocada, mesmo sem grande potência, ganha projeção. Por isso, qualquer som que não esteja relacionado à informação deve ser evitado.

Acrescente à essa lista de barulhos inconvenientes: espirros, suspiros e fungados, que ganharam mais espaço na programação desde que os microfones de mesa foram substituídos pelos modelos *headset*, colocados na cabeça, que ganharam fama nos shows da cantora americana Madonna. Como a cápsula do microfone fica muito próxima à boca, qualquer som emitido pelo apresentador é amplificado e vai estourar no ouvido do ouvinte.

Ao microfone, todo o respeito possível. Assim como não se faz sons indesejados diante dele, também não se pensa em voz alta. Qualquer dúvida quanto à recomendação, pergunte ao diplomata Rubens Ricupero que, antes de ir ao ar em uma entrevista para a TV Globo, em conversa com o jornalista Carlos Monforte, fez confidências captadas por antenas parabólicas indiscretas, em 1994. Em um bate-papo informal, confessou não ter tido escrúpulos em utilizar os resultados econômicos para ajudar a eleger o candidato do governo Fernando Henrique Cardoso: "o que é bom a gente fatura, o que é ruim, esconde", disse então o ministro da Fazenda, na declaração em "off" que teve a maior audiência no Brasil. Perdeu o emprego.

Sempre que um microfone estiver nas proximidades, a regra vale para qualquer cidadão, é preciso fechar a "torneirinha das asneiras da Emília", figura criada por Monteiro Lobato e usada, recentemente, pelo próprio Ricupero para descrever o erro cometido. Como nunca se sabe quando o técnico esquecerá o microfone aberto, palavras de baixo calão e pensamentos impróprios devem ser evitados sempre. A melhor estratégia é jamais falar em voz alta o que não se quer que os outros saibam.

LENDAS E BATALHAS

No programa policial, o ouvinte acompanha a *performance* do apresentador. Homem corajoso, de voz grossa, discurso incisivo e sempre falando em defesa do cidadão. Não tem medo de ninguém. Encara os mais perigosos bandidos da cidade. "Se a polícia fosse firme como ele, não tinha gente ruim solta na rua", repetia o ouvinte para todos que perguntavam porque estava com o rádio colado ao ouvido.

O orgulho estava à altura da fama do radialista, campeão de audiência. Uma das suas marcas era a conversa cara a cara com assaltantes, sequestradores e estupradores – com esses, então, ele desfilava seu talento. Botava o entrevistado no "seu devido lugar". Às vezes – devido à emoção, talvez –, xingava o bandido que, preso e algemado, falava com voz humilde, nem parecia o monstro que cometeu barbaridades contra o cidadão. Quando se excedia nas palavras, o apresentador pedia desculpas para o público.

O que quase ninguém sabia era que tudo não passava de uma farsa. O apresentador, no estúdio, jamais havia encarado um bandido. Nem os bandidos haviam falado com ele. As entrevistas eram gravadas pelo repórter no distrito policial, pouco antes de irem ao ar. As respostas eram editadas, ou seja, cortadas uma a uma. Ao radialista bastava seguir o roteiro e fazer as perguntas que só ele tinha "coragem".

A "entrevista de faz de conta" já foi assunto nos corredores de várias rádios brasileiras. Sempre tem alguém para garantir – olha o maldito verbo aqui de novo – que essa história foi contada pela tia do primo de um amigo do irmão dele. Eu nunca ouvi as tais entrevistas, talvez porque as rádios que sintonizava não usavam desse método para enganar o ouvinte.

Nessas conversas sobre fatos e lendas do rádio, outra história que me chamava atenção, logo que comecei a carreira jornalística, era a de um repórter de guerra que montou trincheira no quarto do hotel e de lá não saiu até o fim dos confrontos. Sua tática era simples: mandava o fotógrafo, colega de cobertura, para o campo de batalha com um gravador na mão. Assegurava, assim, a cortina sonora para os boletins que emitia por telefone, diretamente, do seu quartel-general.

Os homens do rádio, como em poucos veículos de comunicação, são craques em criar mitos, tornando tênue o limite entre a verdade e a lenda – talvez por trabalharem com um produto que mexe com o imaginário popular. Por isso, mesmo com a ressalva de que as histórias que abrem este capítulo podem não ser realidade ou, com o tempo, terem sofrido alterações deixando-as mais interessantes do que realmente foram, aproveito-as para ilustrar um problema bastante real: a "propaganda enganosa", inadmissível em qualquer circunstância. Editar uma reportagem leva o jornalista a decidir o que irá para o ar e o que vai para o lixo. Uma escolha que pode, deliberadamente ou não, interferir no pensamento do entrevistado. Uma frase colocada em contexto diferente daquele em que foi dita muda o sentido da fala. Esse é um dos poderes que o jornalista têm em mãos e que jamais deve ser exercido.

Ao editar, deve-se ter o máximo cuidado para que o trecho escolhido esteja de acordo com o pensamento do entrevistado, sob risco de se cometer falha grave. A distorção proposital é criminosa, pois usa palavras verdadeiras para dizer uma mentira. A prática lembra os sofistas da Grécia antiga, pragmáticos em seus pensamentos, que induziam as pessoas a acreditar naquilo que defendiam. Partiam de premissas verdadeiras para chegar a falsas conclusões.

BOM DIA PARA CARTUCHO

O gravador com fita magnética foi inventado em 1950, e abriu novas perspectivas em diferentes áreas de atuação como a Linguística, a Música e a Comunicação. Seu surgimento ofereceu ferramentas, até então inacessíveis às pessoas. Coisas que, nesses tempos em que tudo se traduz em bits, soam muito simples, mas que na época eram enormes avanços: gravar um som e editá-lo, cortando a fita e reconstruindo a fala, por exemplo. Recursos que facilitaram a vida dos jornalistas e se refletiram na qualidade do serviço oferecido pelo rádio.

Esse mesmo equipamento permitiu o uso de algumas artimanhas, no início vistas de maneira ingênua mas que depois ultrapassaram a linha ética que deve conduzir o profissional. Chamo atenção para problemas no cotidiano de uma redação de rádio, que passam despercebidos mas que mereceriam avaliação do ponto de vista ético.

É inaceitável editar entrevista gravada refazendo as perguntas em tom ou sentido diferentes daqueles usados durante a conversa com o entrevistado – vide história que abre capítulo anterior. Assim como gravar a entrevista e, durante a apresentação, fazer as perguntas ao vivo como se estivesse conversando com o entrevistado naquele momento. Além de uma falha técnica, porque a diferença de som ambiente fica nítida, passa-se a ideia de que o profissional quer enganar o ouvinte. Em vez de perguntar, faça um texto para introduzir o assunto que será respondido pelo entrevistado. É melhor e mais honesto.

Outra prática comum é o repórter gravar um boletim dando a impressão de que está ao vivo, inclusive cumprimentando o apresentador. É, no mínimo, constrangedor "dar bom dia para cartucho". Prefira, simplesmente, gravar o boletim se atendo às informações, sem cumprimentar o âncora ou coisa que o valha – ele não terá a vaidade atingida por causa disso, pelo menos não deve.

Elimine da rotina o uso do telefone para boletins apresentados dentro da redação. Mesmo que a atitude pareça menos grave, isto acontece para induzir o ouvinte a acreditar que o repórter está na rua acompanhando os fatos. Isso, além de ser mentira, como se já não bastasse, é também uma burrice. Se o profissional tem à disposição todos os recursos técnicos para melhorar a qualidade de som em um estúdio, porque usar a linha telefônica?

O jornalista só deve dizer que está em um lugar se realmente estiver lá. Já vi emissora de rádio trabalhar com dois repórteres na cobertura de uma greve geral dentro de um único carro. Depois de girar por alguns bairros verificando a movimentação na porta de fábricas, no comércio e nos bancos, os dois entravam no ar, um chamando o outro, como se estivessem em pontos diferentes da cidade. Chegavam a anunciar as informações diretamente da unidade móvel "número um" e "número dois" para mostrar a "estrutura" da rádio naquela jornada.

Impressionar o ouvinte usando informações falsas, tanto no conteúdo como na forma, é condenável. Assim como não se divulga boato ou se publica fato não confirmado, também não se pode usar declaração feita em entrevista coletiva como se fosse exclusiva. O ouvinte pode até ser enganado uma vez, mas a tendência é a de que a farsa seja descoberta em breve, à medida em que existe uma profusão de fontes que podem ser consultadas por ele.

Com o desenvolvimento das assessorias de comunicação é frequente que políticos, principalmente estes, usem o recurso do *"release* eletrônico", gravando depoimentos que serão distribuídos para as emissoras. Muitas rádios, a maioria do interior, por falta de acesso às fontes e condições de realizarem cobertura mais ampla, aproveitam esse material. Não é recomendável, pois a fala é controlada pela fonte, sem direito ao contraditório e, portanto, tendenciosa. Se mesmo assim a emissora decidir usar a gravação, é preciso que o ouvinte seja informado qual a origem do depoimento.

A falta de ética na edição também se revela no uso de recursos sonoros. Estes podem ser explorados em reportagens especiais ou edições planejadas com a intenção de oferecer um acabamento melhor para o ouvinte. Mas devem se ater a vinhetas ou músicas ilustrativas, e jamais serem usados com a intenção de forjar uma situação, como reproduzir a sirene de um carro de polícia ou de tiros durante a reportagem para que se pense que o repórter está no "campo de batalha".

JOGANDO EM OUTRO CAMPO

Nesse jogo de enganar o ouvinte, as narrações de futebol pelo rádio sempre foram imbatíveis. Desde que se iniciaram as transmissões via satélite pela televisão, permitindo que os jogos fossem ao vivo, muitas emissoras decidiram economizar e deixar locutores e comentaristas em casa. Em vez de viajar, principalmente nas competições internacionais, a equipe se postava no estúdio da rádio, diante do aparelho de televisão, e soltava a voz.

A narração *off tube*, como se convencionou chamar, começou na Copa do Mundo da Inglaterra, em 1966, mas o motivo era outro. Os estádios não tinham cabines para todas as rádios e a prioridade para receber autorização para narrar no local do jogo era das emissoras dos países das seleções envolvidas na partida. A maioria permanecia no centro de imprensa, onde recebia as imagens e o som ambiente do jogo.

A prática foi importada para o Brasil com a intenção de reduzir o custo das transmissões radiofônicas e não se resumiu às competições internacionais. Mesmo jogos disputados dentro do país deixaram de ser cobertos por algumas emissoras. Outras passaram a enviar apenas parte da equipe, geralmente o repórter. Aos demais, restou a tela da televisão. Situações constrangedoras se somaram ao anedotário do rádio brasileiro. Tais como o locutor anunciar a partida entre Alemanha e Suíça, divulgar as escalações, trio de árbitros e tecer os mais aprofundados comentários sobre o estilo de jogo de cada uma das seleções. No momento em que as equipes entram no gramado se descobre que o sinal de transmissão era de outro estádio e lá estão, prontas para o início da partida, União Soviética e Coreia do Norte. O apresentador, na maioria das vezes, não perde a pose, segue narrando a partida e faz de conta que jamais havia anunciando outro jogo. Transfere para o ouvinte a tarefa de descobrir se ele entendeu tudo errado, se está louco mesmo ou se é vítima de uma farsa.

As gafes radiofônicas não param por aí. Houve o caso de um narrador que, mal-acostumado com as transmissões via televisão, esqueceu que havia a repetição do lance e narrou, mais de uma vez, a jogada que já tinha acontecido. Outro foi traído pelo diretor de televisão que não mostrou o árbitro anulando o gol. Transmitiu boa parte do jogo como se uma das seleções estivesse vencendo, até que a adversária fez o gol supostamente de empate e na tela aparece o placar: 1 x 0. Onde inserir o gol anulado?

Em 2000, fui convidado a narrar as partidas da Copa dos Campeões da Europa pela Rede TV!, ao lado do comentarista Juca Kfouri. As transmissões eram feitas do estúdio da emissora, em Alphaville, na região metropolitana de São Paulo. A programação anunciava uma partida e, antes de o sinal chegar a sede da TV, todas as informações passadas para o público eram das duas equipes envolvidas, como não poderia ser diferente. Mas foi. Assim que as equipes entraram em campo, eu e o Juca nos deparamos com outros dois times. A empresa que gerava o sinal da Europa "trocou as bolas". Só restou pedir desculpas, gentilmente, ao telespectador pelo problema técnico, sem necessidade de justificar qualquer falha ética, mesmo porque desde o início da cobertura deixamos claro ao cidadão que os jogos eram na Europa, mas a narração era no Brasil.

Interessante é constatar que a rádio tem vergonha de dizer que não está no estádio onde a partida se realiza, mas não tem vergonha de mentir para as pessoas. Menos mal que essa história começa a mudar e a maioria dos locutores, quando enfrenta essa situação, não diz mais que está no estádio. Muitos ainda esquecem de dizer que não estão, mas já é uma mudança de comportamento. Afinal, como diria o comentarista de árbitros da TV Globo, Arnaldo César Coelho, a regra é clara: mentir jamais.

DE BOM HUMOR

> Cavaleiros e cavaleiras de ambos os sexos, muito boa tarde. Acaba de subir pro ar a sua PRK 30, falando diretamente do segundo andar do Edifício Espícler, enquanto não anunciam a construção do primeiro andar. É por isso que anunciamos sempre: no ar, PRK-30!

Foi nesse tom de brincadeira com eles próprios e, principalmente, com o cotidiano do brasileiro, que Lauro Borges e Castro Barbosa se transformaram na maior dupla do humorismo nacional. Com muita versatilidade, ferramenta primordial naqueles tempos de recursos escassos e estrutura mínima, eles levaram ao ar a PRK-30, o mais famoso programa de humor da era do rádio, em mais de 800 apresentações, durante duas décadas, de 1944 a 1964. Era uma espécie de "rádio pirata" que ocupava o espaço da programação das emissoras com paródias do noticiário, novela, *shows* de calouro e musicais, gêneros que faziam sucesso na época.

Lauro e Castro, uma vez por semana durante meia hora, se transformavam em personagens que tinham em comum a fala inocente e pura que fazia sorrir. E, assim, atraíam toda a família para a frente do aparelho de rádio, equipamento que ocupava espaço semelhante ao de um televisor dos dias de hoje.

De todas as investidas do rádio brasileiro, talvez uma das mais difíceis tenha sido a da comédia. Antes da chegada da televisão, os programas humorísticos fizeram grande sucesso na programação radiofônica, às vezes com atrações solitárias, outras, com a presença de duplas e, até mesmo, com um elenco numeroso como o do *Balança mas não cai,* criado por Max Nunes nos anos 50. Esse, aliás, transferiu seu sucesso para a TV com um modelo que influencia programas atuais como é o caso de *Zorra Total,* da Globo.

No livro *No ar*, PRK-30 (Casa da Palavra, 2003), o autor Paulo Perdigão registra uma frase de Lauro Borges para explicar a opção que fez:

> O rádio tem três funções: ensinar, educar e divertir [...] Escolhemos o humorismo – um humorismo são, um humorismo honesto. Tenho certeza de que a maneira de divertir que empregamos foi a base do nosso êxito.

Aproveito a definição de Lauro para justificar o registro da memória sobre a comédia no rádio brasileiro na abertura deste capítulo. O veículo que ensina e educa – note que desloco o tema do entretenimento, em que fez sucesso por anos, para o jornalismo – pode cumprir essas funções com bom humor sem perder sua importância ou influência. Alguém já disse que saber rir de si mesmo é sinal de inteligência. Mas ainda se confunde carranca com seriedade e cara amarrada com credibilidade. Gente com constante mau humor não revela nem uma coisa nem outra. Pelo contrário, dá sinais da falta de astúcia para encontrar na vida elementos que possam nos deixar felizes.

Gabriel Chalita, em *Os dez mandamentos da ética* (Nova Fronteira, 2003), escreve que:

> assim como nossas expressões faciais, gestos e posturas corporais são parte inseparável das palavras que utilizamos para a nossa comunicação, o humor faz parte do modo como nosso caráter se manifesta diante das pessoas e das situações que vivemos.

É mais um componente não verbal a se refletir na mensagem que emitimos. Durante a apresentação de um programa, sorrir no momento certo dá significado ao texto. Tem a força de um editorial, se feito com ironia. Ajuda o interlocutor a perceber melhor a informação transmitida.

O comedimento é mais uma vez o divisor entre a ação ética e não ética. Está aqui para impedir que o espirituoso se transforme em sarcástico e o riso divertido vire amargo, espécie de humor destrutivo. A fronteira é tênue e perigosa, levando a maioria preferir o olhar sisudo e o comportamento contido.

A percepção do ouvinte em relação àquele que tem nessa atitude uma de suas marcas é positiva. O reconhecimento é imediato. Comentários bem-humorados tendem a ser lembrados com mais frequência pelo público. É comum a pessoa se referir a uma brincadeira feita durante o programa em vez de comentar a notícia em destaque. O cidadão sente-se mais próximo do apresentador ou do repórter ao encontrar nele alguém capaz de sorrir, sem medo de dividir um instante de alegria.

Antes de usar o bom humor, seja pela fala com um sorriso nos lábios, seja pela brincadeira ou ironia, tire a temperatura do público a quem atendemos e verifique qual o tom correto da notícia. Sensibilidade é a palavra-chave.

CAPÍTULO VI

Um caso do rádio

O DIA QUE NÃO ACABOU

São 9 horas e 56 minutos. Um avião bateu nas torres do World Trade Center há poucos instantes, em Nova York. O prédio está pegando fogo. De acordo com informações de uma testemunha ocular, teria sido um Boeing 737, mas esta informação ainda não foi, oficialmente, confirmada. Daqui a pouco, traremos outras informações sobre este acidente: um avião bate em uma das torres do World Trade Center, em Nova York.

Onze de setembro de 2001 se inicia, antecedido por uma cortina musical tocada na velocidade da emergência que marca as edições extraordinárias no rádio. O primeiro parágrafo do mais dramático capítulo escrito pelo terrorismo internacional na era moderna é anunciado, ironicamente, em trinta segundos, tempo reservado na comunicação do mundo capitalista para a venda de produtos e a oferta de serviços. No texto improvisado que descreve a cena inicial do prédio em chamas, de 110 andares e 412 metros de altura, se oferece ao público o que seria a propaganda de maior impacto dos grupos antiamericanos.

Os meios de comunicação multiplicam a mensagem enviada por Osama bin Laden e pela Al-Qaeda, através de pilotos suicidas e aviões-bomba. Cada veículo, usando de seus recursos característicos para conquistar o público ansioso pela informação. A televisão estava lá quando o segundo Boeing acertou a torre sul do World Trade Center, quinze minutos após o primeiro ataque, transmitindo ao vivo o "espetáculo". O rádio propagou o feito terrorista narrando o acontecimento em *off tube*, como nos grandes jogos internacionais de futebol – sem precisar pagar pelos direitos de transmissão. A internet também calçou a cobertura nas imagens da TV, na notícia do rádio e nas informações das agências internacionais, a maioria levando em tempo real material colhido pela CNN.

Nas ruas, o pedestre tem atenção despertada pelo anúncio do painel eletrônico: "Terroristas arremessam aviões sobre WTC". Na tela do telefone celular, o texto do serviço de mensagem informa: "Torres gêmeas em fogo, após ataque terrorista". O *pager* na cintura da calça chama: "Terror no ar: avião com passageiros atinge Pentágono". Jornais e revistas mobilizam redações para rodar o mais cedo possível uma edição extraordinária – prática abandonada desde o advento da internet. A sociedade informativa, fenômeno na virada do Terceiro Milênio, acorda para viver o dia que ainda não acabou.

MAIS UM DIA DE TRABALHO

O CBN São Paulo, programa que apresento desde 1999, estava apenas começando. Era hora de falar do esporte com os destaques dos clubes. Antes, já havíamos passado em revista a tropa de repórteres. Cada um apresentando a informação que cobriria naquela manhã. Meteorologia, trânsito, estradas e aeroportos, informações da cidade – este é o nosso foco das 9h30 ao meio-dia, horário destinado ao noticiário local na rádio CBN, que tem boa parte da programação dedicada aos temas nacionais e internacionais.

Logo cedo, após ler um jornal diário, assistir aos telejornais da manhã e ouvir um trecho da programação da rádio, havia negociado com a produção, pelo viva-voz do celular no carro, a pauta do dia. A produtora Fabiana Boa Sorte, na redação, havia feito o balanço das reportagens que poderiam entrar gravadas; conversado com o chefe de reportagem para saber quais assuntos seriam cobertos pelos repórteres; e feito varredura nos demais jornais impressos. Também já recebera, pelo correio eletrônico, sugestões de ouvintes e assessores de comunicação.

Ao entrar no ar, duas entrevistas estavam fechadas – ou seja, os convidados estavam disponíveis para falar sobre o tema nos horários propostos. Ainda se aguardava o retorno de um terceiro entrevistado. Não tinha sido encontrado pela produção até aquele momento. Alguém da assessoria dele ficara de telefonar de volta.

Os comentaristas tinham assuntos decididos. Os cartuchos com reportagens, sonoras e *teasers* gravados, estavam separados, cada um com sua devida cabeça redigida em laudas de computador. Ao operador de áudio Paschoal Júnior, que comanda a mesa de som responsável por levar a rádio ao ar, havia sido passada as orientações do que seria apresentado. Ele, por sua vez, havia feito algumas sugestões a partir de notícias que lera no jornal ou ouvira na programação da rádio, desde às seis horas da manhã. O pessoal da área técnica é parte integrante da equipe de jornalismo, e tem de ser consultado. Essa interação facilita o andamento do trabalho.

> *Teaser* é um pequeno trecho de entrevista, normalmente de dez segundos, que pode ser usado como destaque durante a programação ou para ilustrar um tema discutido no programa. Cabeça é nome de batismo do texto que serve para chamar uma reportagem, geralmente redigido em cinco ou seis linhas, que apresenta o assunto ao ouvinte.

Em geral, buscamos tratar de questões relacionadas à vida do cidadão. Fatos que influenciam com o dia a dia do paulistano. Ações de participação da comunidade, à medida em que a parceria com o poder público deve ser incentivada. Também orientam nossa pauta denúncias contra desrespeito aos direitos humanos e a fiscalização do que as autoridades públicas fazem com nosso dinheiro.

À minha frente, o computador recebia mensagens de todo o tipo. A quantidade de *spams* (material enviado para os correios eletrônicos sem autorização nem utilidade) é enorme e atrapalha a avaliação criteriosa daqueles que merecem alguma atenção. Já desperdicei meu tempo levantando a seguinte estatística: de cada vinte e-mails que aterrissam na caixa de correio eletrônico, cinco merecem ser abertos, dos quais três têm de ser respondidos e apenas um tem direito e respeito para ser registrado no ar.

Além do correio eletrônico, navegava na internet em busca de informação e acessava as agências de notícias. Um televisor sobre a mesa, ao lado do computador, estava ligado na Globonews, canal de notícias 24 horas, da Rede Globo de Televisão. Entrávamos no ar para mais um programa. Mas era 11 de setembro de 2001.

FOGO NO AR

A agência internacional acabara de anunciar, em apenas uma linha, o incêndio na torre, em Nova York, provocado pelo choque de um avião, e a Globonews interrompia a programação para reproduzir imagens, ao vivo, da CNN. Pelo canal interno, todas as emissoras da CBN eram comunicadas de que em trinta segundos seria formada rede para notícia extraordinária. Imediatamente, quem estava no ar em Cuiabá, Curitiba, Maringá, Rio de Janeiro, Belo Horizonte, Brasília ou qualquer ponto do país em que houvesse retransmissora da Central Brasileira de Notícias parou a entrevista, a reportagem, seja lá o que estivesse sendo apresentado, para ouvir o Plantão CBN, transmitido do estúdio em São Paulo.

Com base nas primeiras informações, anunciei o incêndio no World Trade Center, imaginando ter sido um acidente de avião ocorrido há apenas dez minutos. Disse que seria um Boeing 737, mas se descobriu em seguida que era modelo 767, duas vezes mais pesado e com quase o dobro de capacidade para transportar passageiros.

Encerrado o plantão, continuamos em rede descrevendo as imagens. O apresentador da CBN no Rio de Janeiro, Sidney Rezende, passou a dividir o comando da programação. Às 10h03, logo após a leitura do Repórter CBN – síntese noticiosa com duração de dois minutos, que vai ao ar de meia em meia hora –, transmiti, ao vivo, o choque do segundo avião, com a voz revelando o impressionante da cena.

Até aquele instante ainda era difícil entender o que acontecia à nossa frente. Impossível não se emocionar, porém, com as imagens. Produtores no Rio e em São Paulo já haviam ligado para correspondentes em Nova York, em Washington e na Europa. Apuradores haviam levantado detalhes nas agências. Quem conhecia alguém nos Estados Unidos, correu para o telefone em busca de informação. Na redação, todos os monitores de televisão estavam sintonizados nas emissoras a cabo americanas. O escritório da BBC Brasil também foi acionado. E a cobertura se iniciara há apenas seis minutos.

DEU NO RÁDIO

O "espetáculo" do 11 de setembro foi planejado para ser transmitido pela televisão. A diferença de tempo entre o choque de um e outro avião nas torres gêmeas vai ao encontro dessa ideia. O primeiro, da American Airlines, chamou atenção das emissoras americanas que circulam por Nova York com suas equipes móveis de alta tecnologia. Quem anda pelas grandes avenidas de Manhattan se depara a todo o momento com os técnicos, sem a companhia de repórteres, em pequenos e ágeis furgões. Haveria tempo suficiente para se direcionar uma câmera para o prédio que se enxergava de vários pontos da ilha. Daí a facilidade para reproduzir, ao vivo e em cores, o segundo ataque.

O recado enviado pelo segundo avião, o Boeing da United Airlines, era claro. Se alguém não havia entendido até então o que estava acontecendo – e eu, que transmitia tudo aquilo, não entendia mesmo – ali estava a verdade. Um ataque programado para se transformar em fenômeno midiático. A câmera era a única forma de contato do mundo com aquele cenário. A aproximação do local atingido era impossível. Toda e qualquer leitura que se fez naquelas primeiras horas foi construída a partir da imagem.

Apesar de o episódio ter privilegiado a televisão, como ocorre nos shows de entretenimento, no Brasil, o rádio teve papel importante na cobertura jornalística do 11 de setembro.

No momento em que o ataque se iniciou, boa parte das pessoas não estava mais em casa. Encontrava-se no carro, a caminho do trabalho, ou havia chegado ao escritório. Nas escolas e universidades, as aulas tinham começado. Muita gente se deslocava a pé nas ruas de comércio. Com esse quadro e com base em análise comparativa da audiência, arrisco dizer que a maioria da população ficou sabendo do atentado pelo rádio.

Números do Ibope deixam evidente a supremacia da programação radiofônica em relação à televisiva na faixa das nove às dez da manhã. Chega a ser, em média, três vezes maior o número de pessoas que ouvem rádio nesse horário do que os que assistem à televisão. Mesmo no decorrer do dia, o número de ouvintes supera o de telespectadores. Pesquisa do Ibope, citada pelo Jornal do Brasil, mostra que no terceiro trimestre de 2003 os ouvintes foram 2.967.603, enquanto os telespectadores não passaram de 2.408.560, entre seis da manhã e sete da noite, no estado de São Paulo.

Não tenho dúvida de que, alertado pelo plantão da rádio jornalística da cidade, o ouvinte saiu à procura do primeiro aparelho de televisão que houvesse nas proximidades. Reação provocada em todo o cidadão que, por outros meios de comunicação, até mesmo o telefonema de um vizinho, teve acesso à notícia. Mas, ao encontrar os canais que reproduziam as imagens da CNN para o mundo, esse cidadão se deparou com âncoras, repórteres e comentaristas atuando como se estivessem no rádio.

Sem acesso à "cena do crime", a solução foi voltar as câmeras para o local do atentado e, por telefone, conversar com pessoas que escaparam do prédio em chamas, acionar correspondentes internacionais, entrevistar especialistas, falar com autoridades políticas e policiais em uma linguagem muito próxima à do rádio.

Os programas jornalísticos na televisão não têm humildade suficiente para aceitar o uso do telefone como meio de informação. Um repórter que esteja diante da notícia, mas sem uma câmera, terá dificuldade de convencer o editor de que o fato deve ser transmitido, apesar da falta de imagem. Foi com o surgimento das emissoras de notícias 24 horas, como Globonews e Bandnews, que esse formato passou a ser aceito na TV brasileira, apesar de ainda encontrar muitas restrições. Antes disso, repórter ou entrevistado falando por telefone era cena rara na televisão.

Por mais fascinante que seja a TV, fenômeno de massa de enorme impacto na sociedade, a imagem por si só não informa. É perigosa a ideia de que a câmera aberta diz tudo. De que o cidadão não carece de um intermediário para explicar o que vê. Precisa, sim. A reflexão, o questionamento e a apuração dos fatos são imprescindíveis para que o processo de comunicação se complete. Jornalistas e público não podem se tornar reféns da imagem. O rádio contou para as pessoas o que acontecia no 11 de setembro e elas foram ver na televisão. Encontraram seus apresentadores favoritos fazendo rádio, apesar da imagem. E que imagem.

TODOS FALAM

O primeiro prédio do World Trade Center, a torre sul, despencou às 10h59. Falávamos dos ataques há cerca de uma hora. Foi chocante. Naquele momento desabava a ingênua esperança de que as pessoas teriam a chance de escapar com vida, apesar de tudo. Há vinte minutos havíamos noticiado que o terceiro avião – um Boeing 757 da American Airlines – havia sido jogado sobre o Pentágono. Desse não se tinha imagem, a informação chegou pelas agências de notícias. Nem sempre é preciso ver para crer.

No estúdio da CBN, em São Paulo, havia um número excepcional de pessoas. Ninguém mais era repórter, produtor, chefe de redação ou diretor de jornalismo. Todos eram jornalistas em busca de informação e quem a encontrasse levava ao ar.

A estrutura do rádio não admite que os profissionais atuem de maneira segmentada. Não existe mais a figura do redator que só sabe escrever ou do locutor que só sabe ler – pelo menos, não deve existir. Os profissionais de rádio têm de dominar todas as áreas e, principalmente, saber falar ao microfone. Não há necessidade de ser um "Cid Moreira", mas precisa ter capacidade de se expressar.

Na cobertura do 11 de setembro, profissional que estava em casa e tinha a oportunidade de apurar informação por algum canal de televisão a cabo, ou de conversar com conhecido nos Estados Unidos, ligou para a rádio. Às vezes, a notícia já havia sido transmitida; noutras, serviu de subsídio para o âncora. Em algumas situações, o próprio "informante" foi ao ar.

Quando está na rua, o jornalista de rádio deve ligar para a emissora a qualquer instante para relatar um acontecimento, mesmo que no seu crachá apareça o cargo de apurador, redator ou editor. Pode ser o trânsito complicado em uma rua importante, a movimentação policial em um bairro, ou um prédio desabando em Nova York após ataque terrorista.

AGENDA EM PUNHO

A imagem do prédio transformado em poeira ainda enchia a tela da televisão quando se recebeu a notícia de que os ataques não haviam parado. Mais uma vez sem imagens, apenas as fontes a nos municiar de informações. Uma hora e catorze minutos depois de ter se iniciado a transmissão do atentado, um quarto avião é jogado ao solo. Um 757 da United Airlines que havia caído em uma área de pouca concentração urbana, Shanksville, na Pensilvânia. Não se sabia o destino que os sequestradores pretendiam dar a esse Boeing. Poderia ser a Casa Branca ou Camp David.

Apesar da sequência dos fatos, ainda não se tinha a dimensão exata da tragédia. Produtores checavam as agendas em busca de nomes que pudessem ir ao ar para ajudar a entender o que acontecia. Ter o número de telefone de acesso direto das fontes é importante para exercer a função. Uma boa agenda se constrói com o tempo e, por isso, precisa ser iniciada o mais cedo possível, antes mesmo de entrar no mercado de trabalho.

Leia publicações especializadas e artigos assinados de jornais e revistas, navegue com frequência pela internet e preste atenção nos personagens citados no noticiário. Sempre que uma pessoa surgir em destaque, anote o nome dela para em seguida procurar o número do telefone. Em pouco tempo, você terá um banco de dados invejável que lhe dará agilidade no trabalho. Nenhuma notícia vai pegá-lo de surpresa, nem mesmo um ataque ao símbolo da prepotência americana.

SUBSTITUIÇÃO NA EQUIPE

A cobertura do atentado era ininterrupta. Não havia nada mais a fazer, a não ser acompanhar um dos acontecimentos mais marcantes da história da humanidade. Espaços comerciais foram abolidos. A grade de programação, esquecida. O CBN São Paulo se transformara em Rede CBN Brasil. Por falar nisso: e aquele programa que havia sido discutido no início da manhã? Em meio ao trabalho de apurar informações e encontrar fontes que pudessem ajudar a entender o quebra-cabeça desmontado diante de nossos olhos, havia a necessidade de desmarcar as entrevistas agendadas. O produtor tem de estar sempre em contato com as fontes e, em caso de mudança de pauta, não pode esquecer de explicar o motivo pelo qual a entrevista não será feita. Uma questão de respeito. É preciso lembrar, também, que amanhã não haverá atentado e você há de precisar daquele entrevistado. Algumas pessoas reclamam quando são informadas de que a entrevista não será feita. Se sentem desprestigiadas ao serem substituídas por outras ou porque o jornalista avaliou haver assunto mais importante. Seja como for, melhor avisá-la do que deixá-la esperando.

Naquela situação, não foi tarefa difícil justificar o porquê da entrevista ter sido desmarcada. As próprias fontes estavam muito mais interessadas nas informações do atentado.

PAUTA EM ABERTO

O ataque às torres gêmeas em Nova York e ao Pentágono, em Washington, não estavam na agenda de nenhum produtor. A não ser na do pessoal da Al-Qaeda. E estes não enviaram assessoria de imprensa para avisar as redações. Tais atentados sequer faziam parte de algum planejamento estratégico de cobertura jornalística. Portanto, os meios de comunicação foram surpreendidos e tiveram de adaptar a programação à nova realidade.

Uma das características dos programas jornalísticos ou dos radiojornais em emissoras que se dedicam 24 horas à notícia é a existência de um roteiro sempre aberto. A entrevista e reportagem discutidas antes de a edição ir ao ar podem cair no minuto seguinte. Melhor que caiam, se em seu lugar entrar assunto mais recente, mais "quente". Pauta boa é pauta nova.

A participação de um repórter é suficiente para pautar o restante do programa, basta que a informação seja significativa. Nesse caso, âncora, produtor, assistente de estúdio e operador de áudio têm de estar atentos ao relato da notícia. Procurar alguém que acrescente dados à informação e fazer contato com quem tenha sido alvo de críticas são compromissos dos quais o jornalista não pode abrir mão. No primeiro caso, agrega valor ao trabalho do repórter. No segundo, atende à exigência ética de quem se propõe a fazer bom jornalismo.

O chefe de reportagem e o próprio repórter devem sugerir o desdobramento do assunto. Do estúdio, por telefone, pode-se conseguir alguém que a equipe na rua não tenha acesso. A declaração de um entrevistado feita no programa pode ser editada, posteriormente, e usada pelo repórter para fechar a reportagem.

Leve em consideração que a pauta que vem da rua pulsa mais do que a elaborada na redação. Quem pode ser melhor pauteiro do que o repórter?

O jornalista Afonso Liks, com quem trabalhei na redação do SBT, em Porto Alegre, costumava dizer que "a boa pauta está na rua da Praia". Alusão à rua mais popular da capital gaúcha e à necessidade de os jornalistas andarem por lá, atentos ao comportamento e comentário das pessoas.

Nada pior para a qualidade de um programa de rádio do que o produtor se considerar satisfeito porque antes de entrar no ar já fechou todas as entrevistas e sabe quais as reportagens que serão publicadas. Este, muito provavelmente, será um programa chato, modorrento e sem novidade.

Existem compromissos que devem ser cumpridos no decorrer de um programa, como a saída para os blocos locais ou de comerciais e a participação de comentaristas. Respeitar o horário colabora com a organização da emissora, principalmente se a rádio participar de uma rede, e acostuma o ouvinte que procura assuntos específicos na programação. Mas essas regras não podem engessar o programa, e o jornalista tem de estar sempre atento para saber quando transgredi-las em nome da agilidade do radiojornalismo.

Imagine o que pensaria o ouvinte se a rádio decidisse interromper a cobertura do atentado nos Estados Unidos para chamar o bloco de esporte.

HORA CERTA

O presidente dos Estados Unidos em exercício, George W. Bush, estava em uma escola secundária na Flórida, diante de alunos, no instante em que os ataques se iniciaram. Retirado de lá sob forte esquema de segurança e levado para a base aérea do estado do Nebraska, meio-oeste americano, às 10h30 o presidente fez seu primeiro pronunciamento. Bush, visivelmente abatido, admitiu que o país havia sido vítima de ataque terrorista e lamentou a tragédia do World Trade Center. Naquele instante, o Pentágono ainda não havia sido atacado.

Quando a fala do presidente americano se iniciou, estávamos com um comentarista no ar que, imediatamente, foi interrompido. Nenhuma outra informação era mais importante naquele momento. O discurso em inglês foi reproduzido na íntegra para, em seguida, ser resumido em português, no estúdio.

> No rádio deve se evitar o uso de entrevistas em língua estrangeira, pois não se tem o recurso da legenda. A tradução simultânea fica prejudicada pela mistura do som original com a voz do tradutor. E deixar para traduzir depois atrapalha a dinâmica do programa. No caso de a entrevista ser imprescindível, prefira o espanhol e o português de Portugal, recomendando ao entrevistado que fale devagar e o mais claramente possível.

O programa de rádio tem de ter agilidade para mudar de assunto sempre que os acontecimentos assim o exigirem. Caso a entrevista tenha se iniciado há pouco tempo e algo urgente ocorra, o âncora deve explicar a situação no ar para o convidado, desculpar-se gentilmente, prometendo voltar ao tema em breve. Não se pode deixar para depois a notícia que se tem agora.

No rádio, ao contrário do jornal e da televisão, não existe *deadline*. Não se sai à rua com o objetivo de entregar material pronto ao fim do expediente. O prazo para o fechamento é determinado pela importância da notícia. Esperar o fim da entrevista coletiva para divulgar a informação que pode ser reproduzida ao vivo é um desserviço ao público. O repórter deve publicar o fato conforme este for apurado, ressaltando que outras fontes serão ouvidas no decorrer da programação. Ao concluir a reportagem, entrega o material consolidado para o editor.

> *Deadline* é a hora em que o jornalista tem de entregar a reportagem na redação do jornal ou televisão. Leva em consideração o tempo para a edição do material e sua publicação. Originalmente, a expressão inglesa significava a linha em volta de uma prisão além da qual um prisioneiro poderia ser abatido a tiros. Por descumprir o prazo, muitos colegas já foram abatidos nas redações, não, necessariamente, a tiros.

Essa característica do rádio impõe um desafio sério, porque as decisões editoriais que levam à publicação de uma notícia são tomadas a todo instante. Na redação de um jornal, as reuniões de pauta e fechamento permitem reflexão mais profunda sobre os temas. Uma determinação errada tem chance de ser corrigida até o jornal sair da oficina. No radiojornalismo, entre a decisão equivocada e sua divulgação, o prazo é muito curto.

Levado pelo entusiasmo de atender o ouvinte, muita gente boa deu "barrigada" em lugar de "furo". Apesar da exigência do veículo, é preciso comedimento. Ao ouvinte, mais do que saber antes, interessa saber o certo. Por isso, é fundamental que, para resolver qual informação será divulgada e como será feita a divulgação, o profissional tenha consciência da linha editorial da emissora e os princípios éticos que devem orientá-lo.

COBERTURA CONTAMINADA

A jornada de 11 de setembro não se encerrou. Nos dias seguintes, o desafio foi encontrar uma abordagem diferente para o tema. No cotidiano da redação, ser criativo na forma e no conteúdo são tarefas obrigatórias, apesar de muito do que se ouve por aí não passar de reprodução do que se lê ou vê. Do ponto de vista prático, pouco mudou após o atentado. Reportar, produzir, editar, redigir, apresentar, entrevistar e comandar. Tudo continuou sendo necessário para se fazer o rádio que atenda às expectativas dos ouvintes.

Do ponto de vista filosófico, foi necessário repensar a forma de cobrir o noticiário nos Estados Unidos e nas demais nações que se envolveram no embate internacional. Reavaliar o comportamento da mídia, à medida que a crítica, cega pelo preconceito, impediu que se enxergasse no horizonte a construção de um terreno fértil ao fanatismo e à prepotência.

A programação retomou o ritmo normal, mas estilhaços das explosões provocadas pelo choque dos aviões atingiram as empresas jornalísticas, principalmente as americanas. A liberdade de expressão passou a ser questionada por segmentos da sociedade. Cobrou-se postura patriótica, conceito que tende a ir de encontro à ideia do respeito à pluralidade e às diferenças de opiniões, premissas do jornalismo de excelência. Quem pede patriotismo quer mesmo é patriotada.

> Essa já é antiga, mas vale chamar atenção: o que vai **de** encontro, vai em sentido oposto, choca-se; o que vai **ao** encontro, vai de acordo. A confusão é muito comum, mesmo entre pessoas mais esclarecidas. Ouve-se a troca, principalmente, durante entrevistas e o jornalista deve estar atento porque se a correção não for feita imediatamente, a informação chegará errada ao ouvinte. Se um ministro de Estado disser que o pensamento dele vai ao encontro do que pensa o presidente, nada mais óbvio. Se ele disser que o pensamento vai de encontro com o do presidente, vira notícia.

O noticiário foi contaminado pelos atentados em Nova York e Washington. A maioria das informações que chegam do exterior às redações brasileiras tem como origem agências americanas. Um motivo de preocupação para quem tem a responsabilidade de selecionar as notícias internacionais. Aumenta, assim, a necessidade de se buscar fontes independentes. É possível encontrá-las e a internet está aí para ajudar. A presença de correspondentes nos Estados Unidos e na Europa ajuda nesse processo de depuração. Deles se exige o olhar crítico e diferenciado em relação à notícia, repercutindo os fatos a partir de histórias com as quais os brasileiros se identifiquem. Precisam sair da frente do computador ou da televisão. Devem andar nas ruas, ouvir as pessoas, entender o que move aquela cultura para que sejam capazes de traduzir esses sentimentos.

Infelizmente, no rádio brasileiro até a cobertura do noticiário nos países da América do Sul é esporádica, com repórteres sendo enviados para saber o que acontece com os nossos vizinhos apenas em situações especiais. Uma das alegações para não manter correspondentes internacionais é que o rádio é um veículo de características locais, fala com a comunidade mais próxima. O ouvinte estaria mais interessado em saber qual o melhor caminho para escapar do congestionamento do que descobrir o rumo a ser tomado pela humanidade a partir de tragédias como a vivida pelos americanos. Uma verdade não se sobrepõe à outra. E, para mim, a sensação ao ver os aviões se chocando contra os prédios em Nova York era a de que o atentado acontecia no quintal de casa.

ÚLTIMA PALAVRA

Duas guerras de cobertura global se seguiram ao atentado de 11 de setembro, uma no Afeganistão, outra no Iraque. Em ambas, o rádio brasileiro ficou à mercê dos meios de comunicação estrangeiros. As imagens das emissoras de televisão e as informações emitidas pelas agências internacionais municiaram o noticiário. Nossos homens não estavam no campo de batalha, mas diante do aparelho de TV. Para consertar os desvios provocados pela visão tendenciosa da cobertura, restou a permanente discussão com "especialistas" – que poderia ser alguém dotado de excepcional saber ou um palpiteiro de plantão, dependendo da qualidade da agenda do produtor.

Da batalha contra Osama bin Laden, em 2001, para a que derrubou Saddan Hussein dois anos depois, os brasileiros se beneficiaram em parte pela presença de um repórter de língua portuguesa, em Bagdá. Carlos Fino foi o correspondente da RTP – Rádio e Televisão Portuguesa – e, graças ao acordo que essa emissora pública mantinha com a TV Cultura de São Paulo, suas reportagens eram reproduzidas no Brasil. Logo, o repórter passou a fazer intervenções ao vivo, que chamaram a atenção das rádios, todas atendidas mesmo durante a madrugada de Bagdá. O repórter "sentia que tinha essa obrigação como português falando para um país de língua portuguesa", como escreve no livro *A guerra ao vivo* (Verbo, 2003).

Não bastassem a facilidade de comunicação e a presteza em atender aos chamados do Brasil, Carlos Fino foi o repórter que, ao lado do colega da RTP, o cinegrafista Nuno Patrício, anunciou o início da guerra do Iraque, furando as demais emissoras que se preparavam para a batalha contra Saddan.

Os correspondentes das grandes redes dormiam, muito provavelmente por terem confirmação oficial de que os ataques começariam no dia seguinte. Carlos e Nuno, não. Mesmo porque não recebiam informações privilegiadas. O que ninguém imaginava é que o serviço de inteligência americano obteria dados de última hora sobre a presença de Saddan Hussein em um palácio próximo ao hotel em que as equipes de jornalismo se hospedaram. E o início da guerra seria antecipado.

Fino acabara de participar de um programa de debates da RTP, *Informação Especial Iraque*, em plena madrugada, quando os estrondos se iniciaram. Fez novo contato pelo videofone – um computador que processa sinais de vídeo da câmera antes de introduzi-los no telefone por satélite – para avisar dos bombardeios. A primeira reação dos jornalistas na redação de Lisboa foi de dúvida: "não pode ter começado, a CNN não está dando nada". A CNN dormia e Carlos Fino teve de convencer o pessoal para ir ao ar com um "furo" internacional, destacado na época apenas no Brasil. Em conversa informal, após entrevista sobre a participação dele na guerra, Fino me contou o caso e brincou: "se é na BBC e o repórter diz que chove canivete, a redação acredita, mesmo que faça sol do lado de fora". Para ele, a última palavra é a do repórter.

A história de um jornalista de televisão talvez não seja a ideal para encerrar um livro que se propõe debater o radiojornalismo. Mas a ideia não me incomoda, já que as bases para um trabalho ético e de qualidade são as mesmas, esteja em qual veículo estiver. No entanto, vou aproveitar um caso que aconteceu no rádio e ilustra bem a necessidade de se investir na reportagem.

Em 2 de outubro de 1992, véspera de eleição no Brasil, houve rebelião de presos do Pavilhão Nove, da Casa de Detenção do Carandiru, em São Paulo. A polícia invadiu o local e ao sair deixou 111 pessoas mortas. História contada com a sensibilidade da escrita do doutor Dráuzio Varella e da criação do cineasta Hector Babenco, e em centenas de artigos, reportagens, livros, além de uma peça jurídica que mostra com detalhes e laudos os fatos ocorridos naquela que a princípio seria apenas mais uma sexta-feira, no maior complexo penitenciário da América Latina.

O "Massacre do Carandiru" somente se tornou conhecido no dia seguinte quando a eleição para prefeito e vereadores já havia se iniciado. A "operação abafa" montada pelo sistema de segurança do estado de São Paulo fez com que muitos repórteres levassem para a redação a notícia de mais uma rebelião, com a morte de oito pessoas provocada pelo confronto entre detentos, rotina em uma prisão que reunia 7.200 presos. A farsa começou a ser desvendada na madrugada de sábado, quando chegaram informações, por telefone, ao setor de apuração da rádio CBN, que levaram a emissora a enviar o repórter de plantão para o Instituto Médico Legal. Lá, em conversa com funcionários, o jornalista Cid Barbosa soube da existência de dezenas de corpos de presos assassinados na invasão da Polícia Militar. Uma realidade até então escondida que, na maioria das vezes, apenas o repórter em campo é capaz de descobrir.

Pelos dados coletados era possível afirmar que o número de mortos do Carandiru superava oitenta. Ligou para a redação anunciando o "furo" jornalístico. A informação foi questionada. Relutou-se para levá-la ao ar. Ninguém havia levantado aquela hipótese até então. Por ninguém, quando se trata de jornalismo brasileiro, se entenda Rede Globo de Televisão. Cid disse que suas fontes eram seguras, não havia do que duvidar.

A notícia foi ao ar. Antes, porém, houve mais uma checagem. A CBN foi responsável pelo "furo", mas pouca gente ouviu. Na época, a rádio era uma emissora nova, mal havia completado um ano de vida e não tinha expressão no cenário nacional. Em pouco tempo, o fato se espalhou nas demais redações e o "Massacre do Carandiru" virou manchete.

Apuração da notícia e comedimento são fundamentais para quem pretende fazer jornalismo com credibilidade; são princípios dos quais não se pode abrir mão. A construção da imagem de uma emissora de rádio depende da confiança que o ouvinte tem em seus profissionais. Ele não acredita em quem erra com frequência e, principalmente, em quem erra e não assume o erro.

Colocar em dúvida uma informação é ferramenta a ser usada pelo profissional em qualquer situação. O bom jornalista desconfia, pergunta, apura, confirma e volta a desconfiar até ter certeza de que tem para oferecer ao seu público a verdade – pelo menos, a verdade possível até aquele momento.

A reação das redações tanto à notícia do início da guerra do Iraque quanto ao número de mortos no Carandiru serve para uma reflexão sobre o papel da reportagem no radiojornalismo.

As emissoras não podem dispensar o trabalho do repórter, por maior que seja o número de fontes e mecanismos de informação à disposição no mercado. Não inventaram, ainda, qualquer máquina em condições de substituir o repórter na rua – mesmo que os avanços tecnológicos nos permitam ver em tempo real imagens dos principais acontecimentos no mundo, como ocorreu em 11 de setembro de 2001.

O repórter deve ser a figura central nas empresas de comunicação. Nele está a síntese do que se espera de um profissional que trabalha com radiojornalismo: um bom observador; capaz de encontrar fatos novos mesmo nos casos corriqueiros; preparado para transmitir com clareza e precisão; equilibrado principalmente quando em situação de estresse ou de extrema emoção; e pronto para ouvir o cidadão, seja na rua, na guerra, na prisão ou no telefone que não para de tocar na redação.

RADIOBIOGRAFIA

Em busca de alguns trocados, o jovem Mário faz bico na emissora de rádio, onde conhece o escrevinhador de novela, Pedro Camacho, que iria influenciar seu romance com a tia mais velha. A paixão do garoto e as histórias de Camacho resultam em um dos mais divertidos exemplares da literatura latino-americana. *Tia Júlia e o escrevinhador* (Nova Fronteira, 1977) de Mário Vargas Llosa foi o primeiro livro que conheci no qual o rádio era protagonista. Na capa, a imagem do "capelinha" – como era conhecido o aparelho que cheguei a ouvir algumas vezes na sala da casa de meu avô. Lá dentro, o texto do escritor peruano descrevia a arte de manipular pela voz, criava fantasias e provocava a imaginação.

O rádio, em seus mais de oitenta anos, mereceria destaque maior em romances assinados por consagrados nomes da literatura internacional. Certamente meu colega de coleção, Daniel Piza, autor de *Jornalismo cultural* (Contexto, 2003) e *Perfis e entrevistas* (Contexto, 2004), encontrará em sua extensa lista de livros consumidos exemplos como o de Vargas Llosa e seu escrevinhador. Mas o tempo do rádio, para muitos romancistas, já deve ter passado. Não dá, também, para reclamar dos grandes escritores; mesmo aqueles que estudam o veículo na academia ou constroem sua programação nos estúdios não têm uma produção tão volumosa. Nas livrarias, até nas mais completas, é difícil encontrar textos que analisem a importância histórica das emissoras na formação da sociedade brasileira. Como também não existem, se a intenção é refletir o futuro do radiojornalismo, publicações que levem em consideração as novas demandas de comunicação.

Boa parte da literatura disponível conta a história do rádio com destaque para a Nacional, descrita com precisão por Luis Carlos Saroldi e Sônia Virgínia Moreira em *Rádio Nacional, o Brasil em sintonia* (Funarte, 1984). A importância da emissora também é detalhada em *Por trás das ondas da Rádio Nacional* (Paz e Terra, 1980), de Miriam Goldfeder, e *Bagaço de beira-estrada* (Civilização Brasileira, 1977), que ainda por cima leva a assinatura de Mário Lago.

Se os fatos mais marcantes das oito décadas do rádio são o objetivo do leitor, não pode ficar fora desta lista *Rádio, o veículo, a história e a técnica* (Sagra Luzzatto, 2001), de Luiz Arthur Ferraretto, resultado de estudo realizado pelo professor da Ulbra, de Canoas, no Rio Grande do Sul, em que conta de maneira simples e direta – como, aliás, deve ser a linguagem do rádio – a história da radiodifusão para, então, avançar pelo campo da técnica.

A jornalista Sônia Virgínia Moreira é pesquisadora do rádio e várias das suas publicações merecem consulta, além da citada anteriormente, sobre a Rádio Nacional. Em *Rádio Palanque – fazendo política no ar* (Mil Palavras, 1998), mostra como a política se apoderou e desvalorizou o veículo, enquanto em *Rádio em transição: tecnologias e leis nos Estados Unidos e no Brasil* (Mil Palavras, 2002), enxerga mudança no comportamento do cidadão a partir do surgimento das novas mídias e convoca os profissionais a refletirem sobre o papel das emissoras.

É dela, por sinal, um dos 22 artigos reunidos em *Rádio, sintonia do futuro* (Paulinas, 2004), organizado por André Barbosa Filho, Ângelo Piovesan e Rosana Beneton. O trabalho mistura profissionais que olham para o retrovisor para entender o que se passou, e especialistas preocupados em antecipar respostas para as perguntas que estão por vir. O companheiro de redação, Heródoto Barbeiro, assina na obra o texto *Radiojornalismo cidadão*, para defender a necessidade do modelo "ser reinventado como tantas e tantas outras atividades humanas são modificadas todos os dias".

Heródoto já havia publicado essas ideias com Paulo Rodolfo de Lima em *Manual de radiojornalismo* (Campus, 2003), livro que abre mão de contar o que se passou para se aprofundar no que se faz na radiodifusão. Apresenta detalhes somente percebidos por aqueles que trabalham no dia a dia de uma redação e desenha as perspectivas do rádio via internet. O maior mérito está em abordar o tema do ponto de vista ético.

Os jornalistas são convidados a refletir sobre o próprio comportamento diante da notícia, do veículo e do cidadão no livro *Sobre ética e imprensa* (Companhia das Letras, 2000), de Eugênio Bucci, escrito dois anos antes de o autor assumir a presidência da Radiobrás. Bucci alerta para os riscos das megafusões de empresas de comunicação e desafia seus donos: "uma discussão ética que não toque na ética das empresas resulta numa conversa de 'porte e postura'". Da mesma forma, provoca os profissionais: "jornalistas não gostam muito de falar de ética jornalística. Na verdade, detestam".

Por falar em ética jornalística, o livro de H. Eugene Goodwin, *Procura-se: ética no jornalismo* (Editorial Nórdica, 1993), é obrigatório para quem pretende exercer a profissão, com ou sem diploma. O professor da Universidade da Pensilvânia, nos Estados Unidos, passeia com facilidade da análise mais filosófica à prática cotidiana do jornalismo. Alerta para cacoetes que contaminam o texto como o uso de expressões genéricas – "observadores dizem", "fontes afirmam" e assemelhados – em substituição à apuração precisa da notícia com fontes qualificadas.

De olho no texto, busco na Espanha o livro *Periodismo oral* (Paidós, 1983), do catalão Ivan Tubau, que combina a teoria e a prática da arte de falar nos meios de comunicação. Propõe uma limpeza geral no texto radiofônico e lembra: "um bom locutor também deve ser um bom escritor" – antecipando a discussão que começa a chegar somente agora nas redações das rádios brasileiras, onde os jornalistas passam a ocupar postos antes reservados aos radialistas.

Tubau revela preocupação com a desordem do espanhol, assim como o jornalista Marcos de Castro com o português, aqui no Brasil. Ele assina *A imprensa e o caos na ortografia* (Record, 1998) e não perdoa: "fala-se e escreve-se, nos telejornais e nos jornais e revistas, atualmente, o português mais rasteiro, a linguagem usada é a mais vulgar, o nível é o mais baixo". Castro não cita o rádio, com certeza resultado do desprestígio do veículo e não da qualidade da língua falada. Ler as quase trezentas páginas, entre as quais encontramos um "pequeno dicionário de batatadas da imprensa", deveria se transformar em hábito para estudantes e jornalistas.

Dad Squarisi, autora de *Dicas da Dad, português com humor* (Contexto, 2002), *Mais dicas da Dad, português com humor* (Contexto, 2003) e do novo *A arte de escrever bem* (Contexto, 2004), em parceria com Arlete Salvador, recorre ao jornalismo para ensinar português. Ela tem o dom do bom humor e, assim, dói menos identificar nossos erros. Falar a língua com correção é importante no rádio, tanto quanto falar certo. Na falta de livros especializados no veículo, recorro à experiência televisiva da fonoaudióloga Leny Kyrillos, que organizou *Fonoaudiologia e telejornalismo – relatos de experiências na Rede Globo de Televisão* (Revinter, 2003), *Voz e corpo na TV: a fonoaudiologia a serviço da comunicação* (Globo, 2003) – ao lado de Cláudia Cotes e Deborah Feijó – e *Expressividade* (Revinter, 2004). Mesmo dedicados à TV, nesses livros é possível encontrar orientações para todos os profissionais da voz.

Este capítulo começou com lembranças pessoais sobre o romance de Mário Vargas Llosa, cujo livro me revelou a paixão pelo rádio, e se encerra com outra saudável recordação: *A regra do jogo* (Companhia das Letras, 1988). A coletânea de artigos e depoimentos de Cláudio Abramo, um dos mais completos homens da imprensa brasileira, chegou até mim através de outro jornalista, Tito Tajes – que, não bastasse sua competência como repórter e editor, é meu tio, padrinho e incentivador. Desde então, o livro é meu companheiro e nele releio sempre que necessário as lições de Abramo, tais como: "o jornalista não tem ética própria. Isso é um mito. A ética do jornalista é a ética do cidadão. O que é ruim para o cidadão é ruim para o jornalista".

Cadastre-se no site da Contexto
e fique por dentro dos nossos lançamentos e eventos.
www.editoracontexto.com.br

Formação de Professores | Educação
História | Ciências Humanas
Língua Portuguesa | Linguística
Geografia
Comunicação
Turismo
Economia
Geral

Faça parte de nossa rede.
www.editoracontexto.com.br/redes